开拓青少年眼界
的天下之奇丛书

KAITUO QINGSHAONIAN YANJIE DE
TIANXIA ZHIQI CONGSHU

世界上不可思议
的奇人

本书编写组◎编

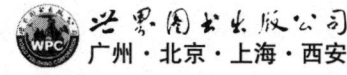

世界图书出版公司

广州·北京·上海·西安

图书在版编目（CIP）数据

世界上不可思议的奇人／《世界上不可思议的奇人
》编写组编．—广州：广东世界图书出版公司，2010.4 （2024.2重印）
　ISBN 978－7－5100－2031－5

　Ⅰ．①世… Ⅱ．①世… Ⅲ．①科学知识－青少年读物
Ⅳ．①Z228.2

　中国版本图书馆 CIP 数据核字（2010）第 049987 号

书　　　名　世界上不可思议的奇人
　　　　　　SHIJIESHANG BUKE SIYI DE QIREN
编　　　者　《世界上不可思议的奇人》编写组
责任编辑　韩海霞
装帧设计　三棵树设计工作组
出版发行　世界图书出版有限公司　世界图书出版广东有限公司
地　　　址　广州市海珠区新港西路大江冲 25 号
邮　　　编　510300
电　　　话　020-84452179
网　　　址　http://www.gdst.com.cn
邮　　　箱　wpc_gdst@163.com
经　　　销　新华书店
印　　　刷　唐山富达印务有限公司
开　　　本　787mm×1092mm　1/16
印　　　张　10
字　　　数　120 千字
版　　　次　2010 年 4 月第 1 版　2024 年 2 月第 12 次印刷
国际书号　ISBN　978-7-5100-2031-5
定　　　价　48.00 元

　　大千世界，无奇不有。在我们生活的世界上，有许多不可思议的奇人，他们的行为举止、怪癖异能，远远超出我们的日常生活，超出我们的知识范围和理解力，甚至大大超出我们的想象，使我们感到无比神奇和震惊。

　　人上一百，种种色色。奇人也不例外，有多种多样的神奇之处。有的奇人是天生的，比如一生下来就会走路的希腊男婴、出生2个月就能说8国语言的保加利亚女婴；有的奇人本来不奇，他们是通过艰苦的练习获得奇技的，比如能用五孔吹气的中华奇人洪国斌、不断挑战极限打破了236项世界纪录的美国人富尔曼；有的奇人，他们的能力获得是超常的，是我们难以理喻的，比如能作彩画的土耳其盲画家阿马甘、那些抛到江河里淹不死的"软木人"；有的奇人身怀科学无法解释的异能，比如能预报地震的美国女子夏洛蒂、自身带电能为人按摩治病的中国大庆男子马显刚；有的奇人，他们的怪癖会令我们瞠目结舌，比如吃煤的中国辽宁女子李淑霞、吞下了78件叉子汤勺的荷兰妇女玛格丽特·达曼；有的奇人，是由于经历了一场灾难，而在自己身上发生了"奇迹"，比如由于中枪而使自己能接收电台音乐的美国男子，一名法国妈妈由于受放射性辐射的影响产下一个能吸附铁、镍等金属的"磁石婴儿"；有的奇人是由于患有疾病而变成奇人的，比如有夜视能力的猫眼男孩农有穗、白痴天才英国小伙子丹尼尔·塔米特；有的奇人，是某一天身上突然发生了异变，比如因看连环画时发笑而此后狂笑不止的美国人卜比·米契逊、那些突然身上起火的"自燃人"……

　　总而言之，每个奇人都有自己别具一格的"奇"法，他们的存在为我们

这个原本平凡的世界注入了神奇的因子，我们的世界因此而变得奇趣横生、丰富多彩，我们这些凡人感受着他人的神奇，体会着别样的趣味。也许你会问：这些奇人到底是真的还是假的？我们认为真假不是最重要的，重要的是他们为我们展示了一道有关人类的奇特景观，可以引发我们探索人体奥秘的兴趣。

编写这本《世界上不可思议的奇人》，我们的目的不是为了猎奇，而是为了让你大开眼界，增长见识，走出自己生活的圈子，走出自己思维的圈子，激发你发掘自己潜能的欲望，鼓舞你生出挑战极限的勇气。如果你能不断发掘自己、创新自己、挑战自己、超越自己，那么你也可能成为一个"奇人"！

目录

天生奇人

变色人 ……………………… 1

异体人 ……………………… 1

空调人 ……………………… 2

镜面人 ……………………… 2

背面人 ……………………… 2

脆骨人 ……………………… 2

无骨人 ……………………… 3

不死的人 …………………… 3

天生神医 …………………… 3

拇指男婴 …………………… 4

四手奇人 …………………… 5

四个肾的人 ………………… 5

嗜睡的姑娘 ………………… 6

没有痛感的人 ……………… 6

两副脑子的人 ……………… 7

一嘴两舌的人 ……………… 7

脚板反长的人 ……………… 8

心生体外的女婴 …………… 8

能自控心跳的人 …………… 8

黑白分明的双胞胎 ………… 8

哭声能治病的婴儿 ………… 9

耳朵会跳舞的男孩 ………… 10

与生俱来的大力士 ………… 10

哭着要出来的胎儿 ………… 10

生有 15 个头旋的人 ………… 10

脸上长"天"字的人 ……… 11

婴儿爬行 8 千米回家 ……… 11

一生下就会走的婴儿 ……… 11

手指、脚趾最多的人 ……… 11

有巨大乳房的三兄弟 ……… 12

怀"三胞胎"的男婴 ……… 12

在冰水中畅游的婴儿 ……… 12

习成奇人

吞剑奇人 …………………… 13

现代"张果老" …………… 14

开倒车的司机 ……………… 14

75 岁的拉丁舞后 …………… 15

口中穿针的奇人 …………… 17

用头发画画的人 …………… 18

用玻璃洗脸的人 …………… 18

千变魔女李红沁 …………… 19

超级耐热耐旱的人 …………… 20
在蛛网上作画的人 …………… 20
五孔吹气球的奇人 …………… 21
世界铁鞋王张振辉 …………… 22
步行到达北极的人 …………… 22
最强壮的健美男童 …………… 23
世界绝技大师高林 …………… 23
"圈舞女神"金琳琳 …………… 25
挑战高峰的8岁男孩 ………… 26
"高空王子"阿迪力 …………… 26
最有耐力的游泳健将 ………… 28
以演技拙劣闻名的人 ………… 29
睡在水上度夏的老人 ………… 29
独一无二的无肢画家 ………… 30
百年日历印脑中的人 ………… 30
世界拉面大王厉恩海 ………… 31
世界"口书"第一人 …………… 32
用眼睛喷水写字的人 ………… 33
一毛不拔而生活的人 ………… 34
在"死亡谷"生活的人 ………… 34
创"世界纪录"的怪人 ………… 35
双眼皆盲的"海豚儿童" ……… 35
乘木桶横渡大西洋的人 ……… 37
空手杀死52头公牛的人 ……… 37
世界上巴掌拍得最响的人 …… 38
打破236项世界纪录的人 …… 38
跑步穿越撒哈拉沙漠的人 …… 39
凭二指禅夺世界冠军的王巍堡 …… 39

超常奇人

雪　人 ………………………… 42
蛇　女 ………………………… 42

蛙　孩 ………………………… 43
犬　孩 ………………………… 44
猪　孩 ………………………… 44
羚羊孩 ………………………… 44
记忆女王 ……………………… 44
毒不死的人 …………………… 45
最细的腰 ……………………… 45
不怕冷的人 …………………… 46
淹不死的人 …………………… 46
不喝水的人 …………………… 46
12岁的巨人 …………………… 47
4岁的女作家 ………………… 47
6岁的大学生 ………………… 48
推迟死亡的人 ………………… 48
千杯不醉的人 ………………… 48
腹内藏蛇的人 ………………… 48
最矮小的侦探 ………………… 48
变性男生女产子 ……………… 49
与狗结婚的男孩 ……………… 49
被雷电跟踪的人 ……………… 50
换过三颗心的人 ……………… 50
因梦被判刑的人 ……………… 51
绵羊生下的男婴 ……………… 52
记忆力神奇的人 ……………… 52
世上最小接生婆 ……………… 53
假死50年的女人 …………… 53
世界上最微型的人 …………… 53
口含活毒蝎的女人 …………… 55
世界上最长寿的人 …………… 55
自制原子弹的少年 …………… 56
8岁当联合国代表 …………… 56
右眼分泌丝线的人 …………… 56

因遭劫而复明的人 …………… 56
拍照不留影的女人 …………… 57
习性奇异的小矮人 …………… 57
体内散发幽香的人 …………… 58
能作彩画的盲画家 …………… 58
生新牙的九旬老翁 …………… 59
双脚不敢着地的人 …………… 59
能指挥蝉下树的人 …………… 60
匪夷所思的"睡翁" …………… 60
被谋杀了 31 次的人 …………… 61
颈项可转 180°的人 …………… 62
地球上最强壮的女孩 …………… 62
有固氮功能的土著人 …………… 63
身具四国国籍的女婴 …………… 63
以捕捉闪电为生的人 …………… 63
不用眼睛看东西的人 …………… 64
晒太阳自燃成灰的人 …………… 64
空难中诞生的三胞胎 …………… 65
会开飞机的九岁女孩 …………… 65
世界最胖的"半吨人" …………… 65
脚趾"吐"出彩色晶石 …………… 66
因笑话而起死回生的人 …………… 66
8 天之内连生 3 子的人 …………… 67
腹内传出流行曲的学生 …………… 67
具有奇特心灵感应的人 …………… 67
双头妇女为堕胎上法庭 …………… 69
走遍世界的 85 岁老人 …………… 69
一生生了 73 个子女的人 …………… 70
"世界第一长发女"谢秋萍 ……… 71
与外星人频频接触的男子 ……… 71
将阵亡士兵文在身上的人 ……… 73

异能奇人

能穿墙的人 …………… 75
蹈火的巫师 …………… 75
印度"蜘蛛侠" …………… 76
会腹语的女孩 …………… 76
躯体能放电的人 …………… 77
用手掌看书的人 …………… 79
能预报地震的人 …………… 79
眼睛会喷火的人 …………… 80
用鼻子吃面条的人 …………… 80
用胸部能说话的人 …………… 81
能跟动物对话的人 …………… 81
用眼睛吹喇叭的人 …………… 82
世界上最耐电的人 …………… 82
眼睛喷火球的男孩 …………… 83
预言航空事故的人 …………… 83
能准确报时的女孩 …………… 83
具有超强忍耐力的人 …………… 84
用手"煮"食物的人 …………… 84
身怀 5 种绝技的怪男 …………… 84
眼睛自成放大镜的人 …………… 85
能看透内脏疾患的人 …………… 85
两年吃掉一架飞机的人 …………… 86
带电奇人为人按摩治病 …………… 86
一分钟能说 585 个字的人 …………… 87
能用眼力使金属弯曲的人 …………… 88
二指禅修到最高境界的男童 …… 88

怪癖奇人

吃煤的女人 …………… 89
吃玻璃的人 …………… 90

吃钞票的人 …………… 90

最"杂"的胃 …………… 91

爱吃泥土的人 …………… 91

吃大头针的人 …………… 91

满身打孔的人 …………… 92

爱吃蚯蚓的人 …………… 92

喜欢吃铁的人 …………… 92

文身成瘾的人 …………… 92

吃石头的孕妇 …………… 93

生吃活蛇的人 …………… 93

以吃书为生的人 …………… 94

吃自己手指的人 …………… 94

全身文满植物的人 …………… 94

中弹后产下的婴儿 …………… 95

立志变成老虎的人 …………… 95

终年浸在浴缸的人 …………… 96

视老鼠为宠物的女人 …………… 97

替自然界造物的怪人 …………… 98

欲与胡子共存亡的人 …………… 99

必须倒吊才能学习的人 …………… 99

70 年吃土 10 吨的村妇 …………… 100

爱迪斯尼胜过妻子的男人 …………… 100

吞下 78 件叉子汤勺的女人 ……… 102

灾变奇人

六命人 …………… 103

磁石婴儿 …………… 103

不睡觉的人 …………… 104

救命的胎儿 …………… 104

长生不老的人 …………… 104

不断长刺的人 …………… 105

大难不死的人 …………… 105

断头男孩复活 …………… 106

命大如天的人 …………… 106

会说人话的鱼孩 …………… 107

断指植 U 盘的男子 …………… 108

被陨石砸中的男孩 …………… 109

吃辣椒烧成灰的人 …………… 110

大难不死的跳伞员 …………… 110

冰封 69 年复活的人 …………… 111

脑袋里有收音机的人 …………… 111

从坟墓中挖出的活人 …………… 112

哭了半个多世纪的人 …………… 112

遭高压电治愈宿疾的人 …………… 113

拍摄自己死亡场景的人 …………… 113

病变奇人

树　人 …………… 114

笑死人 …………… 115

10 岁的老人 …………… 115

无酒自醉的人 …………… 115

像浆糊一样的人 …………… 116

昏后醒来变他人 …………… 116

9 岁的"老警察" …………… 116

与阳光绝缘的女人 …………… 116

能预报天气的女人 …………… 117

被海葬又还生的人 …………… 118

世界上最健忘的人 …………… 118

目生"珍珠"的人 …………… 119

水火不容的双胞胎 …………… 120

上大学的连体姐妹 …………… 120

产下"珍珠"的人 …………… 121

日饮百斤水的女人 …………… 121

不育妇女偏生 6 胎 …………… 122

以稻草为食的女童 …………… 122
眼睛里吐石粒的人 …………… 122
只能跪着睡觉的人 …………… 122
为治病生吞活蛤蟆 …………… 123
剧咳咳出子弹的人 …………… 123
日饮 25 千克水的人 …………… 124
一吃饭就痉挛的老妇 ………… 125
以牙代目见光明的人 ………… 125
世上最富有的侏儒 …………… 126
世界上最袖珍的男人 ………… 126
睡觉时停止呼吸的人 ………… 127
自己操刀取胆石的人 ………… 128
植物人产后奇迹苏醒 ………… 128
耳朵里长出稻秧的人 ………… 129
生有"猫眼"的男孩 …………… 129
皮肤里长金属丝的女人 ……… 132
创"最痛苦纪录"的人 ………… 133
白痴天才丹尼尔·塔米特 …… 133
一人饮酒两人醉的连体兄弟 … 135
每天打喷嚏 12000 次的女孩 … 136
靠 11 根钛棒支撑身体的少女 … 137

异变奇人

鱼形人 ………………………… 138

鸵鸟人 ………………………… 138
一身两命 ……………………… 139
狂笑奇人 ……………………… 141
罕见的病人 …………………… 141
离奇自燃的人 ………………… 142
遇雷击男变女 ………………… 143
能分身的女教师 ……………… 144
越长越矮的女孩 ……………… 144
染色体易位的人 ……………… 145
有意念奇能的女人 …………… 145
蹦极白了头的美女 …………… 146
两百多岁的女超人 …………… 146
女变男身金牌易人 …………… 146
子弹治愈脑瘤的人 …………… 146
流红眼泪的"圣女" …………… 147
世界上最小的变性人 ………… 147
摔后迅速长高的侏儒 ………… 148
一家人无故变"跳豆" ………… 148
滞留母腹 30 年的婴儿 ……… 148
梦中恢复听说能力的人 ……… 148
进入"第四空间"的人 ………… 149
一次生 12 个婴儿的女人 …… 149
遭雷击一夜变老妪的少女 …… 150

❯❯❯ 天生奇人 ❮❮❮

变色人

在印尼的中加里曼丹，有个妇女生下了三胞胎，奇怪的是她们竟是"三色人"：其中一个是黑色，仅胸部有红与白的斑点；另一个是红色，全身布满绿色的斑点；还有一个是正常的黄种人肤色。

1982 年 6 月 12 日晚，我国广西合山市一个 24 岁的妇女生下了一个黑女孩，她全身皮肤 75% ~ 80% 为黑色，而孩子的爸爸妈妈都是地道的黄种人。

我国有位侗族的男青年，他身高 1.66 米，体重 54 千克，发育正常，体格健壮，唯一与全家人不同的是全身的皮肤半红半白。由头顶至躯干、四肢，在前后中线把他分成不同的两部分：左边的皮肤深红色，像猪肝那样；右边皮肤黄白色，比常人要白，肤色交界的地方界限分明，令人惊奇。

异体人

台湾一名 18 岁的姓林的青年，有一次因胃出血被送进医院治疗，医生们发现他身体内的各种器官，竟是完全左右翻过来的。

这种人体器官完全异位的病例，极为少见。至今为止，医学界仍未能解释形成这种情况的原因。有人认为，可能是在母体怀孕期间，因某些问题造成的。

医生们说，这种病例，在几十万人之中，才偶尔有一宗，而有些人在一生之中，根本没有发现自己是"异体人"。

这位青年在生长期中，并没有因为身体内部器官的异位，而影响他的学习与运动。他从来没有因此而感觉不适。

医生们说，没有必要进行纠正手术，他可以同正常人一样生活下去。

空调人

在朔风凛冽、风雪弥漫的长白山林海，竟然会有人身着夏季短袖衫和单裤，能在冰天雪地中伫立几小时，且气色红润、神态自若，没有丝毫寒冷之感。这个被称为具有人体"空调"功能的人住在浑江市，朝鲜族。他寒冬身着单衣不冷，炎夏穿上棉衣也不热，用他自己的话来讲，就是感到体内有一种自发调节冷热的东西。他曾先后就诊于北京、上海、长春等各大医院，经检验，他被确诊为国内罕见的特殊血型的人。

镜面人

家住安徽省淮南毛集镇毛集村的张文旭，近日由于腹痛腹胀到淮南新华医院就医，B超检查发现他的肝、胆、心脏、胃、肠等均长在了正常人的反向，该院医生确认他是罕见的"镜面人"。

一次，张文旭发生腹痛、腹胀并向左下腹转移性疼痛，到毛集镇医院就诊，医生对张文旭的病情感到疑惑。张文旭转而来到淮南新华医院，医院给张文旭进行B超检查，发现他右腹腔里的肝、胆都不见了（正常人的肝、胆均在右腹腔内），进一步的检查证实此人的肝、胆、心脏、胃、肠等均长在了正常人的反向，应在右下腹的阑尾却跑到了左下腹，B超显示有炎症肿块，证实了该人患的是阑尾炎。

医生说，"镜面人"极其罕见，他从医20多年，在新华医院还是首例见到"镜面人"。"镜面人"是在胚胎发育时产生的畸形，但对人的正常生活、身体发育没有多大影响，就是脏器发生病变后，由于脏器易位，导致诊断困难，受到外来伤害时要注意保护已经易位的重要脏器。

背面人

巴西有一名叫乌卡鲁的中年人，他生来就是面部向背的怪人。

乌卡鲁虽然不能正面看东西，他却会自己穿衣服，但不能煮食和自己进食，到别处去也要有人引导陪伴。由于面部向后，乌卡鲁在睡眠时只好俯伏着睡。

脆骨人

14岁的比西·卢荻，智力发育完全正常，然而他的骨骼却脆弱至极，只要轻轻一碰，便会折断。

医生说，他患了一种罕见的骨病，体内天生缺乏一种维持骨骼生长的蛋白质，类似病例一般在两万个孩子中才会发现一个。到目前为止，尚未发现治疗此病的特效药。

比西的身体状况比预期的还差，他经常断骨，使他一天比一天矮。他甚至不能坐轮椅。他从母腹中生下来时，就折断了30多根骨头。他出生的最初两年，日夜哭叫，他父母却不敢随便把他抱起来，而必须把他先放在枕头上，才能避免骨折的危险。

直到现在，比西仍不能坐立，整天只能仰卧，连俯卧都不行。

尽管如此，勇敢的比西除了学会怎样忍受痛苦外，更懂得怎样积极地生活。现在，他正在学高中课程，并表示他还要继续攻读大学课程，他的理想是攻读法律或会计。

无骨人

1987年，在苏联出生了一个男婴，他体重1.82千克，全身没有一根硬骨头，甚至连头骨也没有。他好像一个装满水的球，仰卧在床上时，就像一个平放的水瓶；他又像一团面粉，因为他虽有头和四肢，但由于没有头骨支撑，所以不成形状。人们都不敢抱起这个男婴，因为怕他体内的压力会压破皮肤。他不能活动，但很快就学会了吸食，而且身体上的各种器官都很健康。

不死的人

在巴西亚马逊原始森林，有一位叫"奥鲁·乌加欧"的土人。"奥鲁"，在当地土语的意思是指"不死的人"。奥鲁法力高强，他被长矛穿心和被黑豹咬伤也不觉痛，更不会丧命。来自瑞典的科学家安德逊和另三位人类学家经过几星期的观察，发觉奥鲁可以在一夜之间治疗好致命的刀伤，数分钟内就能退去高烧，于是科学家们便邀请奥鲁到大城市去接受研究。当他们乘坐一架飞机升上高空，向里约热内卢出发之际，这位身上只穿围腰巾和草鞋的奥鲁，在没有降落伞的情况下，猛然推开舱门跳下。安德烈等人已来不及阻止，心想他必定粉身碎骨。可是，搜索队第二天在森林竟找到了他，除了眼角受点轻伤外，全身没有受伤的痕迹。奥鲁笑着对他们说："除非我自己选择死，否则我不会死去。"

天生神医

巴西人阿里戈的医术初露头角是在1950年。一次偶然的机会使他和一位严重的肺癌患者巴西参议员比当古同住一家旅馆。半夜，参议员的房门突然开了，只见阿里戈目光迟钝，手执一把剃头刀走了进来。平时讲葡萄牙语的阿里戈，这时却用夹着法国腔的声音说："情况紧急，非得动一次手术不可！"说着就用闪光的剃刀向比当古刺来，参议员不觉得疼痛，却吓得昏了过去。参议员苏醒过来时，房内别无他人。他觉察睡衣被割破了并有一摊血迹，背部肋骨部位有一道明显而平整的切口。第二天，他把伤口给阿里戈看并告诉他昨夜所发生的事，阿里戈虽想不起是怎么回事，但他相信是可能发生的。因为几年来一阵阵奇怪的医疗幻觉总是困扰着他。

比当古乘飞机到里约热内卢找他的医生，不久传来了难以置信的消息：肿瘤已被干净利落地切除了。医生还以为这是在美国做的外科手术。于是，参议员才向医生讲明了真相。几天之内，这条新闻通过各种报刊让全巴西都知道了。此后不久，阿里戈的一位朋友患了子宫癌行将去世。他偕同妻子来到临终病人床前向她告别，就在他低头做祈祷时，他的头脑开始感到刺痛，眼睛也模糊了。突然，他冲到厨房拿起一把刀奔回房里，他命令大家向后靠，便拉下盖在女病人身上的裹尸布，分开了她的两腿，拿刀直接刺入下腹，接着使劲将手伸入切口，用力拉出了一个血淋淋的大瘤。不久，病人完全恢复了健康。这条新闻又震撼了整个小镇。

1968年8月，美国普哈里奇医生和由他组织起来的科学家小组来到阿里戈开的诊所，对阿里戈诊断疾病的能力集中进行研究。办法很简单：阿里戈对病人先作出诊断，然后由科学家小组查看病人的病历和诊断，再将二者作比较。结果发现，阿里戈对其中518个病例诊断的正确性与医生诊断的不相上下，两者的一致程度达到95%。阿里戈不仅能事先不了解病情就可作出正确诊断。更奇怪的是，他还能详尽地指出一个瘫痪病人是15岁时一次潜水时折断了颈椎骨而引起瘫痪的。通过对阿里戈治病时拍下的影片研究，美国医生们发现，阿里戈开刀的切口边缘好像会自己"黏合"。他的手术惊人的敏捷和正确，其熟练程度甚至超过经过高级训练的外科医生。奇迹，简直是奇迹。那么，阿里戈充满了神秘色彩的医术究竟是怎么得来的？这个谜还有待医学科学工作者继续研究以求得解答。

拇指男婴

意大利26岁的妇女吉安娜·西西里诺怀孕9个月后，肚子很大，甚至不能走动。吉安娜以为自己怀了3胞胎，不料生出的却是个奇小的男婴，体重只有56.7克，身长7.6厘米，简直比实验室的老鼠还小，可以在大人手掌中躺得非常舒适。

负责接生的潘尼扎医生说，孕妇

的子宫里全是羊水，不见婴儿，真把他吓坏了，几秒钟后，才看到一个拇指般大小的头从子宫里露出，医生用拇指和食指抓住他，并将他拖出来，他开始哭闹，那声音听来像老鼠吱吱叫，这样小的婴儿在意大利医学史上是独一无二的。

这个名叫东尼的婴儿，护士给他兜小尿片，用滴眼药水的小瓶喂奶。经过身体检查，医生发现小东尼身体完全健康。

四手奇人

印度有一个"四只手的奇人"，名叫纳达，38 岁。他的另外两只手，是长在胸腔上的。

纳达的胸前长着一对手臂，看上去像个"W"。这对额外的手，随着纳达身体的发育逐渐长大。据医生说，纳达的"四只手现象"是连体婴儿的一种形式，在母体中时，他们是双胞胎，由于受到环境污染的影响，或母亲在怀孕时误服了不当的药物，使双胞胎发育不良而导致畸形。

由于当地人对宗教非常虔诚，他们对纳达的不幸十分同情，因此，纳达没有像印度的其他畸形儿那样，被卖到马戏团供人参观，替班主赚钱。

四个肾的人

"沈阳市东陵区农业合作银行办公室副主任董向新经医院检查，发现体内长有 4 个肾脏。他除了正常人的 2 个肾脏外，在上方又长了 2 个肾脏。4 个肾脏的大小形状相同，上面 2 个肾脏的输尿管通向下面 2 个肾脏的输尿管。董向新在肾功能方面没感到与一般人有什么不同。"这是 1990 年 8 月 29 日《沈阳晚报》登载的一条新闻。

肾脏，俗称"腰子"，是人的造尿器官，形如蚕豆，在腹后壁前方，左右各一。按中医的说法，肾的功能是藏精、主水液、主骨生髓、主纳气等等，可见肾脏的重要。

其实"多肾人"并不少见。据国外有关泌尿专家的统计，在 51880 具尸体解剖中，94 人只有 1 只肾，342 人有重复肾（即多肾）。换句话说，每 552 人中即有一单肾人，每 152 人中就有多肾人。

这些肾的畸形者为什么鲜为人知呢？这是因为肾是在体内，不像耳、目、鼻等长于体外，能一目了然，他们往往是患了肾病，拍 X 光片或做 B 超时才被发现的，由于是畸形，他们中大多数人不愿意外扬；更多的人虽肾属于畸形，但无肾病，以致连自己也不知道。

关于肾畸形的形成医学专家认为，这是一个极复杂的问题。在胚胎发育期，肾的原始组织和输尿管的母组织——一个原基，会逐步发育成一对肾和一对输尿管。但是，要是遗传基因有缺陷，势必会产生差错：有时出现两个原基，或一个原基分裂为二，日后便形成一对以上的重复肾，或一对以上的重复输尿管。除遗传的因素外，有时在母体怀孕时不适当地服用某些化学药品，也会影响肾的发育，产生"画蛇添足"的现象。

嗜睡的姑娘

在四川成都市清水河附近的威远县，有一个叫小燕的 13 岁小姑娘。小燕说自她有记忆时起，她的大多数时间是在睡梦中度过的。她最长的一觉睡了近 40 天，其间她不吃不喝。家人为了医治她的"嗜睡症"已负债累累。

小燕面目清秀，手脚麻利，跟正常的孩子没有什么区别。母亲马淑华说，前两天小燕又开始呕吐了，这是她要开始长睡的征兆。马淑华说，小燕 10 个月时开始出现异常，像是得了感冒，身上发烫，脸上通红，在床上翻来覆去喊痛，想喝水。但她喝了水就吐，连吃下去的饭菜都全吐了，随后就不吃不喝，开始昏睡，怎么喊都喊不醒。几天后，小燕

醒了过来，又跟正常孩子一样了。据医生说，小燕的症状十分罕见，初步推测是一种少见的小儿神经性系统疾病——阵发性睡眠症。这病属于疑难杂症，至今我国还没有关于这种病症的记录。

没有痛感的人

安徽省休宁县有一名叫金晨的女孩子，她的身高、体重、体形及智力同一般的孩子没有区别。但是，她全身对疼痛没有丝毫反应，不管是刺、刀割，还是骨折，她都毫无知觉，是当今世界上一个少有的无痛感的人。

这个孩子生下来时，并没有什么异常，家中人也不知道她没有什么痛感，在她长出牙齿以后，母亲发现她的嘴里经常流血，但由于她没有什么反应，也就没有引起大人们的注意。直到她 3 岁的时候，有一次生病打针，长长的针一次又一次地扎进她那细嫩的肉中，她不但不哭，而且嬉笑如常，没有表现出任何不适的感觉，这才引起了医务人员的注意。难道这孩子没有痛觉吗？医生产生了这种怀疑后，便用针刺她的不同部位，或者冷不防给以扭捏和挤压等刺激，她都毫无痛感的反应。事实证明小金晨是个没有痛感的人。

由于这个孩子没有痛感，随着她活动量的增大，发生的事故也就接连

不断，造成了她身体上的一些残伤。一次，她把在火上烤着的面稞抓起来就吃，嘴烫得起了血泡，手指头也烫烂了，可是她根本没有疼痛的表现，这次受伤使她的右手指头掉了一截。还有一次，冬天她在屋里烤火时，脚被火灼破，脚趾血肉模糊，要不是家人发现得及时，还不知道要烤掉几个脚趾呢！又有一次，她和小伙伴们作罗汉游戏时，不幸从大孩子身上跌落下来，摔折了臂膀，因为没有痛感，膀子虽然不能动弹了，却悬着膀子玩了一天。小金晨的踝骨不知在什么时候被砸碎了，等家长发现她的两只脚不一样时，早已变形自愈。

她的这种没有痛感的特性，是先天的，还是后天的？是遗传的，还是某种变异？金晨的父母带她到本地的医院、杭州和上海的几家大医院都看过，医生们的讲法莫衷一是。女孩的父母身体健康，父母亲的家族也没有异常的人，而且她的两个同胞姐姐都是正常的人，出现她这样的"变异"实在奇怪。据她母亲讲，在怀这个孩子时，曾吃过不少药，是否与此有关？还待专家们去探索和解答。

两副脑子的人

日本有一个5岁的男孩，名叫见次。他在和一些男孩子玩耍时，显得凶狠，时而摔跤，时而推拉，甚至举拳打人，可转瞬间，他却变得十分温柔，见男孩玩打仗游戏，竟怕得哭了起来。

见次的父母发现他行动怪异，性格异常，带他去医院求诊，神经病学专家加藤为见次进行脑部扫描检查，终于发现他有两副独立但紧贴在一起的脑组织。加藤在观察中看到，当见次受"女性脑神经"控制时，他表现出唱歌和说话方面的天才，而且做针线活特别灵巧，但当他受"男性脑神经"控制时，他对穿针引线活显得粗手笨脚，而且很不耐烦。加藤认为，见次是集男女性格于一身的医学上的奇人。

一嘴两舌的人

巴黎有个名叫费利浦·迪安尼的人，现年34岁。父亲是法国人，母亲是英国人。他出生时就有两根舌头，上下交叠。

由于谈话时口里的两条舌头一齐卷动，样子很怪，所以幼年时期的迪安尼经常闭着嘴巴，尽量少说少笑。长大后，他逐渐尝试用一个舌头说法语，另一个舌头说英语，双语同说分别跟父母交谈取得了成功。不久前他利用自己双舌的特异功能，在电视节目中亮相。他表演的"怪话"节目，赢得观众热烈欢迎。他一下变成了笑星。他还心怀"大志"，表示希望能到联合国总部去当同声翻译。

脚板反长的人

重庆北碚金刀峡场镇上有位现年25岁的奇女子王芳，双脚掌反长走路竟如常人！人群中不细看她脚上穿的鞋，根本无法辨别。如今她已是一个3岁小男孩的母亲。她在场镇上开起一家"荤豆花"，兄弟父母全部为她打工。

她穿着一双红色齐至脚踝的棉鞋，双腿一前一后，双手随着步伐的移动摆动。再一细看，发现两只鞋的鞋绑在后，鞋跟在向前移动，与正常人的脚刚好相反180°。她走路动作自然娴熟，不看脚上穿的鞋丝毫辨不清差别。

王芳的母亲说，王芳一出生，她就发现双脚反长，双手轻微向后弯曲。后经鉴定，属于二级残疾，走路全靠脚跟。王芳的脚掌很小，脚跟较粗，长的方向与正常人恰好相反，但走路速度比常人还快。

心生体外的女婴

广东省番禺县石棋卫生院，1982年4月25日下午为一名叫曾宝英的女人接生了一心脏在体外的女婴。这个女婴的外貌跟一般婴儿相同，只是右上胸生长一个心脏，呼吸正常。这个婴儿体重6斤2两，身长49厘米。

能自控心跳的人

苏联有一名男子，他神秘地说，我能随意使自己的心脏停止跳动。于是，医生们在为他做了心电图检查后确认，他的心搏确实能渐渐缓慢，直到最后完全停止，但不久他心脏开始出现缓慢搏动，逐渐频繁起来。据说，他要恢复到正常的心搏数则需要相当长的时间。

这个男子自称，他生来就有这种功能。然而，对于这种现象的神秘，医生们通过上述检查，在某种程度上还是能够解释清楚的。

首先，这个男子在心搏停止以前即已将呼吸停止。另外，他的腹肌当时在轻微而随意地活动着。由此可推测，这是戈尔茨反应（由于腹腔内特定的细胞的刺激，心肌收缩频率减少）之一。当然，心搏的"停止"与"减少"是不同的，所以它与普通的戈尔茨反应不同，它可能是一种变相的戈尔茨反应。

医学专家称，用自己独特的做法使心脏搏动减少是危险的，但它可应用于查明各种脉律不齐的原因以利于治疗。

黑白分明的双胞胎

据英国《每日邮报》报道，英

国诺丁汉市女孩凯莉·霍吉森接受剖腹产手术，生下一黑一白的一对双胞胎女婴。凯莉和17岁男友雷米·霍德都是混血儿，专家称，混血儿父母生下"黑白双胞胎"的概率仅有100万分之一。

据报道，现年19岁的凯莉·霍吉森是英国诺丁汉郡人，她有一个17岁的男友雷米·霍德。一次偷尝禁果后，凯莉发现自己怀上了身孕。她到医学中心进行B超扫描时发现，怀上的竟是一对双胞胎。

不久，凯莉生下了双胞胎女儿。等助产士将婴儿送到凯莉身边时，她才惊讶地发现，两个女婴的皮肤竟然一个黑、一个白。凯莉对记者说："我发现她们都有漂亮的蓝眼睛，可里米的头发是金色，皮肤是白色；但基恩的头发和皮肤都是黑色。"

几周过去后，凯莉发现"白孩"里米的皮肤颜色变得更加白嫩，而"黑孩"基恩的肤色却变得更黑，并且里米的眼睛仍是蓝色，可基恩的眼睛已变成了棕褐色。

尽管以前有过不孕夫妇通过人工授精法生下"黑白双胞胎"的报道，凯莉这样通过自然怀孕生下"黑白双胞胎"的概率只有100万分之一。原来，凯莉和男友雷米都是混血儿，他们各自的母亲都是白人，而他们的父亲则都是黑人。

哭声能治病的婴儿

巴西首都巴西利亚有个超能女婴叫玛利亚，出生后一个多月，便能以其哭声治病救人。至今已有近千人被治愈，连医学专家也啧啧称奇。

玛利亚1986年1月出生，6个星期后，她父母抱着她到巴西利亚近郊坦伯里教堂接受洗礼。当洗礼仪式进行至中途，玛利亚突然"哇"的一声哭了起来，在旁祈祷的人都不禁抬起头来看看发生了何事。就在这时，教堂座位上一个患小儿麻痹症的少女竟然霍然站起身来，不用拐杖支持，就径直向女婴走去。一个患有青光眼的老妇，突然失声地对坐在她身旁的媳妇叫起来："噢，上帝！我能看见你哩，丽娜！"

玛利亚的哭声能治病的奇迹消息一传出去，巴西利亚立即有大批的人涌到她父亲谭马度家，要求找玛利亚为他们治病。其父谭马度见自己宅屋小难容大众，便索性叫妻子每日黄昏将玛利亚抱到坦伯里教堂外的小花园里，满足病患者的要求。1986年3月初开始，往坦伯里教堂求"诊"的病人络绎不绝。其中不乏患癌症、心脏病、糖尿病及老年风湿等顽疾的男女。据他们说，听过玛利亚的哭声后，所患之病翌日便完全消失。

1986年4月底一个晚上，两名无

业汉潜入谭马度家，欲乘谭马度夫妇熟睡之际将玛利亚偷走，运往外地生财。岂料正想下手，玛利亚突然放声大哭，两人见势不妙，拔足便走，但竟觉两脚无力，双双跌倒在地上。这时谭马度夫妇闻声惊醒，便立即报警将两名歹徒拘捕。

耳朵会跳舞的男孩

曹渝家住重庆南岸弹子石南国丽苑，是小学五年级的学生。曹渝说，只要他的面部一用劲，两只耳朵就会同时不停地前后扇动起来。母亲曹女士最早发现曹渝的耳朵会"跳舞"——曹渝两三岁时，只要放声大哭，两只耳朵就会扑腾扑腾前后振动，十分好看。曹渝长大点后，两只耳朵也更加"听话"，让动就动。

因为有这一绝活，曹渝没少靠它"赚"到好吃、好玩的东西。不过，也有让曹渝烦心的，"小伙伴们怀疑我的耳朵后面系了绳子，常常翻来覆去的看，而且经常让其表演"。

与生俱来的大力士

1999 年的一天，德国一家妇产医院降生了一名奇怪的男婴。令当时在场的护士惊讶不已的是，他们发现这名男婴比正常婴儿要强壮许多，并且全身肌肉都在不停地颤动。后经医生诊断发现，这名男婴由于体内的某个基因突变改变了肌肉生长的速度，导致他刚一出生就已经"力大无比"了。事实也是如此，男婴 4 岁的时候就能够举起超出同龄人平均水平 6 倍的重量。科学家希望通过对这名与生俱来的大力士的研究能找出其中原因，从而帮助那些患有肌肉萎缩症的病人。

哭着要出来的胎儿

1987 年 4 月 3 日上午 10 点，武汉国棉一厂医院为一产妇进行了剖腹产手术，取出一个女婴。婴儿的体重有 3.2 千克，身长 40 厘米，但在腹中竟啼哭了 6 天。产妇在 3 月 29 日晚突然听到腹中胎儿啼哭，好像是嚷嚷着要出来似地。她丈夫当即凑着他的右耳倾听，也觉得啼声阵阵。两天后，胎儿啼声由每天五六次增加得更为频繁，于是在 3 月 31 日就住院了。经医生检查，此胎儿除哭声外其他一切都正常。

生有 15 个头旋的人

四川省三台县柳池公社三大队五小队，有个 6 岁的男孩，因头上长着 15 个旋位而被戏称为"十五贯"。他聪明伶俐，唯长相与正常男孩不同：双鼻梁，大眼睛，没长乳头。据说，这个孩子奔跑起来，头会一分钟自动摇摆数百次。他的两个哥哥一个姐姐都正常，父母非近亲结婚。这种现象是怎么回事，有待今后科学工作者去探索和研究。

脸上长"天"字的人

湖南省新化县杨木洲乡新大桥村有一个相貌奇特的小男孩。他的头发呈黄褐色，双目炯炯有神，双眉相连，又黑又粗，且额头上有一线带绒毛的黑迹与双眉平行，恰如长短两横，其鼻梁两侧各有一绺和大人头发一样粗的黑毛，酷似一撇一捺。看上去有一个"天"字。当地人称他为农家"小天子"。这个小孩名叫向扶朝，智力生理发育都正常。

婴儿爬行 8 千米回家

英国伦敦 8 个月的婴儿布雷肯在卡里布上区郊游与家人失散后，独个儿爬行 8 千米，安全返家。专家认为，没有任何工具，布雷肯手膝并用，穿越有蛇及其他动物出没的森林，令人称奇，这可能与婴儿身上有某种放射性元素有关，帮助他有效地排除障碍，找到目的地。

一生下就会走的婴儿

在希腊北部一家医院里，体重只有 1.8 千克的早产男婴米加斯，出世后便挣脱了女护士，站起来在产台上走了几步，差点从产台上摔了下来，使在场的医生和护士目瞪口呆。

手指、脚趾最多的人

生于 2005 年的印度男孩梅纳瑞尔患有多指（趾）畸形，总共有 25 个手指和脚趾，其中 12 个手指、13 个脚趾。另外，还有一个生于 1995 年 1 月的印度男孩哈尼同样患有这种病，手指、脚趾也是 25 个。

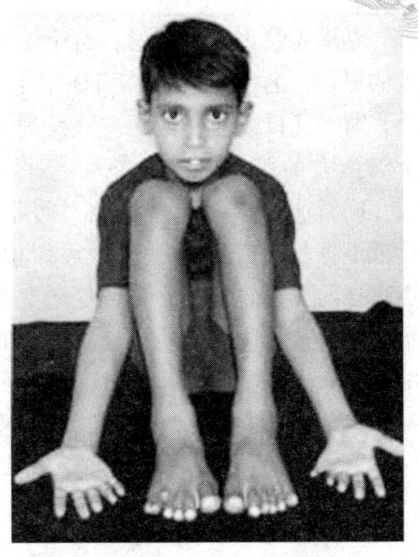

多指（趾）男孩梅纳瑞尔

有巨大乳房的三兄弟

湖南省新邵县洪溪乡李九英家有三个小孩，都长有巨大的乳房。特别是老二钟湘贵尤为明显，其乳房直径为 19 厘米，比一般产妇的乳房还大。钟湘贵只有 9 岁，身高 1.4 米，胸围 1.2 米，手脚粗大，体重竟达 75 千克。他每天吃五六顿饭，每顿饭要吃一斤大米，他还非常喜欢吃猪肉，每次能吃一斤。钟湘贵 17 岁的哥哥和 7 岁的弟弟体重、饮食和乳房都与他大体相似，有关专家认为，像这样的三兄弟在世界上还是第一次见到。

怀"三胞胎"的男婴

湖南省渡水乡金塘村，有个 1 周岁的男孩，名叫唐森林。当他出生 6 个月时，父母偶然在他的左腹发现一个鸡蛋大的肿块，这一肿块越来越大。同时他还常常出现低烧、腹胀、食欲不振、呼吸困难、消瘦等症状。唐森林的父亲非常担心，把他送到渡水医院检查，诊断为畸胎瘤，决定立即动手术。医生们打开病孩的腹腔一看，发现在脊椎左侧后腹壁膜有一囊性肿块。切开囊壁，取出了三块互不相连的胎块。其中一个胎块，重 50 克，有一丛黑头发、完整的皮肤、唇和齿龈。另一个胎块，重 50 克，有口、上下肢、四个足趾和三个手指，也有指甲。第三个胎块重 300 克，皮肤完整，可见头部，并有发丝、躯干、上下肢。

在冰水中畅游的婴儿

在一片冰天雪地里，有个光着屁股的小家伙在冰水里游过 33 千米。小家伙名叫俟尔布·瓦西亚·雷生科夫，21 个月大。令人意外的是，在其父的牵引下，他于莫斯科的冰水池里已经畅游了 15 小时多，而他母亲和他哥哥也在池边看着他。瓦西亚是个奇人，他是在装满水的浴盆内出世的，待出世还未睁开双眼，他已能像鸭子般在水中蹼游。由于他天生就有游泳的本领，当他出生才 3 个礼拜，母亲便带他参加欧洲游泳集会。瓦西亚最喜欢赤裸着身子在冰水里畅游，所以即使洗澡，他也喜欢冷水浴。然而他这种马拉松式的游泳，却已被纪录于世界健力士大全了。

···➤➤ 习成奇人 ◂◂···

吞剑奇人

据英国《新科学家》报道，丹·梅尔当众在伦敦韦尔科姆收藏馆吞咽了三把完整的剑。梅尔是国际吞剑协会会长。他从事这种专业的吞剑行为已有 10 年之久。他至今保存水下吞剑的世界纪录——在装有鲨鱼、黄貂鱼的水箱中吞剑。

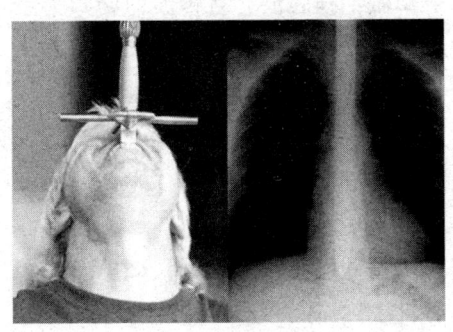

吞剑奇人丹·梅尔

梅尔是进行吞剑行为科学研究写作的第一人，同时到目前为止也是唯一的一位。为此，他也赢得了 2007 年另类诺贝尔奖。

吞剑者是怎么做到的呢？需要说明的是，不存在任何欺骗，吞剑者真实地吞下了剑。这里的 X 光证据能够证明。

那并不是件容易的事。那需要花费很多年的时间去掌握这门技术，甚至有很多爱好者最终都没有学会。大多数的职业吞剑人每天都还在进行练习。

首先必须学会的是抑制喉咙后部的咽吐反射。做到这样并不容易，但它却是这种长而危险行为的第一步。接下来，剑的顶端避免轻击喉软骨。喉软骨是棘手的联结处。它把咽腔分成食道和咽喉，剑应该穿过食道而不是咽喉，因此，非常的棘手。剑慢慢地穿过咽腔下的肌肉环，称为顶部食道括约肌。轻轻地推剑以避免挨到心脏，心脏正好挨着食道壁，如果剑刺到心脏了，那就真的伤到自己了。进入胃之前应该放松底部食道括约肌。最后，抑制胃的反胃行为。

现代 "张果老"

14 岁是富于幻想的年华，周长春听老师讲张果老倒骑毛驴，周游天下的历史传说后，不禁心驰神往，"倒骑自行车"！这个近乎荒诞的想法再也拂拭不去。

表演中的周长春

经过 20 多年的摸爬滚打，无数次的内痛外伤，先后摔坏了 10 多辆自行车，利用普通的自行车为道具，独创了一项自成套路，花样翻新的车技绝活，在高速度、快节奏的非常表演中，融强身、健美、娱乐、观赏为一体，给人以美的享受，填补了世界民间车技表演项目的一项空白。

在 1991 年 11 月 25 日～12 月 29 日应中华百绝博览会邀请，完成倒骑自行车经吉林——广东七省市跨越吉林、辽宁、河北、河南、湖北、湖南、广东，行程 3700 千米，历时 36 天。经《南方日报》群众投票，荣获"中华百绝博览会"首届优秀项目奖。中央电视台的神州风采、体育大世界、正大综艺、东方时空等名牌节目播放，新华社、《人民日报》（海外版）、《中国日报》、美国之音、美联社等数十家新闻媒体报道。多年来应邀参加国内外举行的文化艺术节等活动，足迹遍及大江南北、长城内外、布达拉宫。

1999 年 11 月 20 日，周长春根据自己倒骑自行车长途旅行的绝技，实施"倒骑车与倒计时"北京—澳门迎回归庆纪元活动。全程 2800 千米，历时 30 天，于 1999 年 12 月 19 日到达澳门。周长春每到一城市，为当地群众做绝技表演，宣传澳门回归为主题，庆祝祖国统一，得到社会各界的广泛关注。

开倒车的司机

印度旁遮普邦珀丁达的居民和游客每天都可能与一辆"特立独行"的出租车不期而遇。这辆出租车的司机哈普利特·德维 5 年来倒着开车穿越这座城市大街小巷，成为一道独特风景线。

哈普利特现年 30 岁，原本是珀

丁达一名普通出租车司机。他 2003 年一天晚上去参加派对，驾车回家的路上，汽车发生故障，只有倒车挡能将车开动。

开倒车的哈普利特

"我没有别的办法，只能倒车回家，"哈普利特说。

"鬼点子"颇多的哈普利特之后并没有将车送入修理厂，而是继续练习倒着开车。几个月后，他渐渐熟练并热衷于这门"技术"。他还将车的变速箱改装，让这部汽车拥有 4 个倒车挡，1 个前进挡，与正常汽车恰好相反。

"简单地说，我调换了整个变速箱内的机械构造，这样倒着开车时我能达到最大速度，"哈普利特说。

经过 5 年的"训练"，哈普利特倒着开车的最高时速可以达到 80 千米。由于他在当地越来越出名，政府甚至给他颁发了一份特别驾驶执照，允许他的"倒行出租车"运载乘客。

为夺人眼球，哈普利特在车身上写上"世界倒车冠军"，还留下自己的电子邮件地址，颇有明星风范。

哈普里斯说，自己在"让开倒车艺术日趋完美"的同时，会尽其所能保护其他司机和行人的安全。尽管珀丁达街道上灰尘较大，但他有良好的视力，可以看清楚道路上的情况；另外，他还将救护车上的警笛安装到了出租车上。呜呜作响的"警笛"随时提醒其他人注意安全。

哈普利特承认，这种新奇的开车方法也有副作用。由于开车时需要不停地回头看"后面"，长期的身体扭曲导致他的脖子和背部经常疼痛。

不过，哈普利特坚持认为这很值得："伤痛一点儿也不算什么。"

英国人约翰·史密斯创造了倒着开车的吉尼斯世界纪录，哈利普特试图打破这一记录，但没有成功，因为他没能按照《吉尼斯世界纪录》要求提供录像证明。

75 岁的拉丁舞后

2009 年 12 月 9 日晚上，英国 75 岁老太太萨拉·帕迪·琼斯用绚丽完美的拉丁热舞，与小她 40 岁的舞伴一起夺得西班牙"舞林"冠军，捧回 1 万欧元大奖，她也成了当地的明星和网络红人。

西班牙电视选秀节目《你值得拥有》类似于《英国达人》。如果说，《英国达人》出了个"苏珊大婶"，那么萨拉·帕迪·琼斯老太太就是

75 岁的拉丁舞后

《你值得拥有》的"苏珊大婶"。

9 日的舞台上，七彩灯光频频闪烁，拉丁舞曲欢快响起，琼斯身着半透明深蓝色紧身露背裙，与舞伴尼克·埃斯皮诺萨开始舞动。虽然琼斯已经 75 岁，但她的身体却像 20 多岁的年轻少女一样柔软敏捷。摇摆、轻跳、跃起、滑步……一段两分钟的萨尔萨舞，两人演绎得欢快流畅。他们表演了翻筋斗、快速摆动身体或旋转等杂技般的高难度动作，当琼斯被举到空中时，头下脚上的她还来了个"空中大劈叉"。

整个过程中，台下的评委们全都吃惊得张开嘴巴，无法相信自己的眼睛；台下的观众们更是看傻了眼，甚至忘记了喝彩。

琼斯是一名 75 岁的舞者吗？是 7个孩子的祖母吗？尤其是那个动作，舞伴托起琼斯，琼斯跃过舞伴头顶滑至他的腿间，让人不免为她捏一把汗。一曲舞毕，台下才响起了排山倒海的掌声。评委们先是一阵静默，随后争相发表赞叹，一致评定琼斯这组获得一等奖。对于这个结果，琼斯感到意外。英国媒体 11 日援引琼斯的话报道："我们欣喜若狂。我绝对没有想到获奖。"

事实上，琼斯颇有舞蹈基础，年轻时是一名专业舞者，后来从事编舞工作。退休后，她和丈夫一起从英国搬到西班牙巴伦西亚省，决定在那里安享晚年。可是天不遂人愿，丈夫 5年前撒手人寰。

拉丁舞后和他的舞伴

为充实自己的生活，琼斯没有像其他大部分老人那样，躺在游泳池旁好好享受阳光，以减轻关节炎的困扰，她更愿意在晚年做一些运动性更强的东西。琼斯决定重拾旧爱。在当地舞蹈学校，她结识了比自己年轻40余岁的萨尔萨舞老师埃斯皮诺萨。后者赏识琼斯的舞蹈天分，两人开始搭档跳舞。

为了提升舞艺、增强默契，这对搭档不断练习并以赛促艺，相继参加了欧美一系列萨尔萨舞大赛，逐渐引起人们关注。

琼斯回忆今年5月在美国洛杉矶的参赛经历时说："难以置信，参赛者来自世界各地，我们受到皇室成员级别的待遇。"

口中穿针的奇人

将一把缝衣针和一根线扔进嘴里，不用手，只用牙齿和舌头，不到20秒钟时间，24根针全部穿好，一个不漏，您相信吗？江苏高邮有这样一个拥有"口中穿针"绝技的人。

神奇小伙名叫黄忠，高邮市龙虬镇人，模样朴实憨厚，怎么也"看"不出竟然"身怀绝技"。"4年前我在服装厂搞裁剪，一次几个朋友在一起说笑，一个说，用手穿针不算本事，谁要是能把针线放在嘴里，用舌头穿好，才有本事哩。我当时年少气盛，

当场就逞能说，我就有这个本事！"

牛皮已经吹出去了，黄忠骑虎难下，只得硬着头皮将一根3厘米长的缝衣针和一根棉线放进嘴里。谁知"奇迹"竟然真的发生了，也就是十几秒钟时间，自己用牙齿和舌头在嘴里"搅和"了一阵后，真的吐出了一根已穿好了线的缝衣针，一旁的同事们看得一个个张大了嘴巴半天合不拢！

"我也不知道自己是怎么穿好的，完全凭感觉，如果非要说是怎么穿的，就是把针搁在嘴里，用牙齿咬住针头，再用舌头穿针。身边的朋友也学着我的样子试着穿，没有一个成功。"黄忠说，第一次"口中穿针"，嘴里的针刺破了口腔，出了点血，有点疼。但跟成功的喜悦相比，是微不足道的。发现自己有这么一口"绝活"后，黄忠开始有意识地练习，从1根到2根，再到5根、10根、20根，现在穿20根也没问题，"发挥"

黄忠从嘴里拿出后，针线穿在了一起

得好能穿 30 根甚至更多，口腔也不会被刺破了。刚开始穿 1 根针要十几秒，现在基本上 1 秒钟 1 根针，"感觉"好的时候，1 秒钟能穿 2 根针。

嘴里也能穿针，很多人不相信。几年来，找黄忠"打赌"的特别多，但结果无一不是赌输了。黄忠身边的不少熟人也想掌握这种"特技"，但没有一个学会。去年一个外地人邀请小黄出国表演，但因为要签几年合同，家里就这么个孩子，小黄的父母没答应。现在，逢年过节办喜事，或者单位搞联欢什么的，黄忠的"口中穿针"总是最受欢迎的"保留节目"。

黄忠做了一次现场"表演"：24 根长 3 厘米多的 3 号缝衣针和 1 根线塞进嘴里，之后小黄的嘴里不停蠕动，好像在吃什么东西似的，脸上的表情也非常轻松。不一会儿，小黄吐出了一根穿好 24 根针的棉线，一看时间：19 秒！

用头发画画的人

人类的绘画方法越来越多、越新颖，除了用手、用脚之外，还有用口咬笔画的、用嘴吹画的，在美国又出现一种"倒栽葱"画法，用头发来代替画笔。

这种用头发来画画的方法，是佛罗里达州 22 岁的雷纳，他的头发绘画方法，不是人人都有资格仿效，起码要会做"倒栽葱"功夫才可以。

因为他是用 10 厘米长的头发当作画笔在水彩中浸透，然后倒栽葱在画布上转来转去，把头发上的水彩用来画东西，这样的画功和画法，真称得上前无古人。

用玻璃洗脸的人

34 岁的巴西杂耍艺人马科斯具有一门绝活，他能在一堆碎玻璃上打滚、跳舞，甚至拿碎玻璃"洗脸"。每当他捧起地下一堆碎玻璃渣往脸上用力"搓洗"之时，总会引起围观的群众一片惊叹声。马科斯时而在碎玻璃上赤脚跳舞，时而让人用碎酒瓶子狠扎他的身体，时而裸身俯卧在碎玻璃上，然后让两名壮汉踩在他的背上，以增加压力。

正在用玻璃洗脸的马科斯

马科斯坦言："其实一开始我也受过伤，身上好几次被锋利的玻璃割得皮开肉绽。可是慢慢地，我终于琢磨出了门道。"

马科斯 15 岁拜师学艺，从事街头表演已经长达 19 年，足迹走遍巴西的里约热内卢、圣保罗以及阿根廷首都布宜诺斯艾利斯等地，名声响遍整个南半球。

千变魔女李红沁

2009 年 5 月 10 日，一位神奇的花甲老太太出现在中央电视台《想挑战吗》节目中，她不仅能歌善舞，下腰劈叉，还有一身绝活——变脸变衣、吃火吐火，手提两桶水踩灯泡、用牙叼起一辆自行车等等，并获得"成功奖"。

老太太名叫李红沁，身高 1.5 米，体重近 200 斤，土生土长的成都人。如今，老太太已经是 64 岁高龄的老人，可她几乎每天都在外演出，表演她自学而来的精湛绝技。肥胖的身姿，花甲的年龄，一身不敢相信的绝技，使老太太赢得了"千变魔女"、"四川肥肥"、"超级女身"等众多美誉，同时也赢得了更多人的尊敬。如今的她可谓是忙而快乐着。

当初学习"舌头定电风扇"绝技时，书上介绍的方法是：集中注意力，将舌头伸到飞速转动的扇叶上方，随后头部猛往前一伸，舌尖正好抵在一片扇叶的中心，电风扇立即停

脚踩灯泡的李红沁

止转动。为了练习这一绝技，李红沁专门找来一个没有防护罩的电风扇，等电风扇接通电源，飞速转动起来后，试着将舌头往前伸。刚开始，李红沁吓得冷汗直冒，怎么也不敢将舌头靠近飞速转动的扇叶，试过几遍，她的胆量渐渐大了起来，只见她舌头往扇叶中间一伸，风扇立即停住。这下，李红沁心里可激动了，于是她一次又一次地练习起来，然而在练习第 8 次时，李红沁的舌头被飞速转动的扇叶削出一道口子，顿时鲜血直流。她连忙到医院去缝合，这次共缝了 20 多针。在养伤期间，李红沁总结出"舌头定电风扇"的经验，就是不管怎样都一定要高度集中注意力，不能分神。

在踩钢刀表演上，李红沁技压群

芳，伴着节奏激越的《斗牛士》乐曲，花甲太婆一袭红衣，她舞动长袖翩跹起舞，蓦然，李红沁身轻似燕，腾空而起，眨眼间已赤脚稳稳落于4把锋利的钢刀之上！随即又见那刀尖上的李红沁气沉丹田，一声大喝，用嘴咬起了一辆自行车。从菜刀上下来的李红沁亮出脚掌，只有一道浅浅的勒痕。现场观众见到此景，顿时掌声不断。

李红沁在学习"赤脚踩亮着的电灯泡"时，由于害怕真的踩破灯泡，她先用鸡蛋练习。开始，脚一踏上，鸡蛋便被踩烂了。当时她体重已经超过了90千克，"这么薄的灯泡，你踩上去不破才怪？"老伴何道学看了看身体肥胖无比的李红沁，心疼地说。经过不间断的练习，李红沁发现首先必须掌握平衡，反复练习后，被她踩过的鸡蛋居然完好无损。老伴何道学觉得奇怪，也试着练习踩鸡蛋，可由于何道学有些心浮气躁，始终没能成功。脚踩鸡蛋的成功，使李红沁很快学会了"赤脚踩亮着的电灯泡"这一绝技。而空手踩灯泡成功后，她又自加难度，提着两桶水站在灯泡上，谁知灯泡仍没被踩破，这令李红沁兴奋不已，干脆提着水桶站在灯泡上唱起歌来。

这样的技艺已经足够使李红沁"名震江湖"，硬功夫之后，她展示了"软"功夫，"变脸"绝活仍大受欢迎。只见她身披着黑色碎花斗篷，面带红色脸谱亮相，气势逼人，谁料一转身，倏忽之间，红色的脸谱变成了绿色，连带着斗篷里面的衣服也变了色。

超级耐热耐旱的人

在世界闻名的撒哈拉大沙漠的中部，居住着一个只有17名男子、18名女子的土著小部族。他们全都住在地下的洞穴里，肤色与沙漠的土色相同。他们除了用一小块兽皮遮身外，都不穿衣服。他们白天极少露面，只有在傍晚到第二天拂晓前，才在沙漠上狩猎和寻找食物。

经人类学家调查，这一土著部族人所以能在撒哈拉沙漠中顽强生存是与他们具有的特殊的生活本领分不开的。他们有高超的狩猎本领，当发现野骆驼后，两名猎手便一左一右持弓飞快地追赶，两箭齐发，命中野骆驼的双脚，然后再捕杀。

他们很耐热，可以经受50℃以上的高温。他们又很耐旱，除从食物中摄取少量水分以外，可以在一年中不进一滴水。

在蛛网上作画的人

在蜘蛛网上作画，听起来像是不可思议的事，其实，200年前英国一些画家就已作过尝试，至今彻斯特大教堂还挂着一幅18世纪画在蛛网上的圣像。但这画法后来已失传了。英国年轻女画家帕特里夏决心钻研这种艺术，终于使这一奇特画法重放光辉，在蛛网上创作了一幅幅栩栩如生的画。

要画这种画，首先要得到符合标准厚度的蛛网。为此，帕特里夏用硬纸板做成一个个大小不等的方框架，把它们挂在窗前、门后或其他常有蜘蛛出没的地方，让其在上面结网。往往要等好几个月，蛛网才能达到绘画要求的厚度。

五孔吹气球的奇人

54岁的洪国斌是湖北武穴市梅川镇人，17岁开始拜师习武。2006年，他参加了央视三台的《想挑战吗》节目，表演了自己的绝活"五孔吹气球"。从此，他成为国内外众多媒体关注的焦点人物。作为中国民间艺术家、国家一级武士、国家一级武术裁判，洪国斌经常跟随中国文化代表团出访日本、俄国、韩国以及东南亚、欧洲等地区，被誉为"中华第一奇人"。他的绝活"手掌吸物"、"五孔吹气球"，于2006年被收入世界吉尼斯纪录，至今无人打破。

他把一根绳线穿进鼻孔，表演起鼻孔拉汽车。缓缓地，小轿车真的动起来了，他状似毫不费力地拉着车子向前移动了10多米。"太牛了!"有些观众不敢相信，几个人跑过去推，结果三四个人使足劲才将这辆小轿车艰难地推动了一步。

"我们常常看见用嘴吹气球的，但你们有没有看到过用鼻孔、耳朵、嘴巴同时吹气球，而且还能把这些气球吹破?"主持人的一番话引起现场一阵骚动。"这可能吗?"观众纷纷质疑。当洪国斌以耳嘴鼻将多个气球

洪国斌手吸铁杯

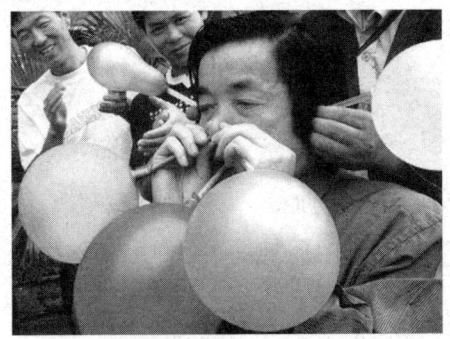

洪国斌五孔吹气球

缓缓吹爆时，现场观众目瞪口呆。

洪国斌的"吸功大法"——神掌吸物更是令人不可思议。他神情自若，扎个马步，吸气运功，以伸直的手掌将15千克重的铁杯徐徐吸离桌面。"我不敢相信这是真的，我抓着杯盖儿都没有提起来。"现场试了一番的市民惊讶地感慨。

世界铁鞋王张振辉

张振辉是湖南人，1974年入伍，在部队服役期间，酷爱足力运动，2008年奥运火炬手，吉尼斯世界纪录保持者。

他是世界鼻子吹轮胎大王。可以与两只高压气筒比赛，轮胎上可以站30人左右。（吹大型推土机内胎，5分钟左右分胜负，轮胎上承受的重量达到2000千克以上）。用鼻子同时吹爆2个热水袋，是世界独一无二的表演绝技。单面骨上拍碎大理石；赤脚穿进123千克的铁鞋行走奔跑；穿铁鞋拉汽车，铁鞋上一边脚上各站1人，照样行走。

张振辉平时每天坚持以足力为主的高强度训练，双足穿123千克、256千克的铁鞋，表演有新招，在国际体育运动会奥车大赛表演上脚穿铁鞋能拉两台汽车行走。跳舞小跑，一边脚上各站一人行走，还能走独木桥，背上背人立正稍息，正步走。他

因此获得全球一绝，世界之最。2004年10月参加中央电视台春节联欢晚会表演；2004年参加福建东南电视台明星演唱会表演；2004年10月韩国文化电视台特约邀请嘉宾，获得韩国电视台绝技最高荣誉；2004年参加少数民族博览会开幕式。2005年参加中央电视台1、3、5、7、10套栏目表演，《走近科学》栏目30分钟的专题报道《神奇的脚力》。

2006年11月参加CCTV-3《想挑战吗》获得吉尼斯世界纪录。吉尼斯世界纪录是脚穿264千克铁鞋行走。2009年6月参加湖南红色旅游文化节《重走红军成长之路》特邀嘉宾全程参与，脚穿56千克铁鞋象征祖国56个民族，他希望穿着这双铁鞋行走在"红军成长之路"上。

步行到达北极的人

27岁的英国探险家戴维·亚当斯，独自拖拽着载有生活用品的塑料雪橇，从加拿大北部营地步行出发，历时20天，行程40千米，经越北极冰帽，于1984年5月15日到达地球的真正北极——地磁北极，从而成为世界上第一个到达地磁北极的探险家。亚当斯在探险中曾两次遇险，一次是落入冰洞；另一次是他迎击了凶猛的北极熊。

最强壮的健美男童

意大利的小男孩朱利安诺今年只有4岁，但他的名字已经于日前被写进了吉尼斯世界纪录。然而，当他的同龄孩子每天玩儿着皮球和小汽车时，他却要练习体操和举重。

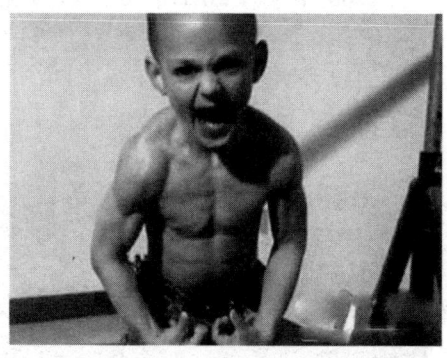

史上最强壮男童朱利安诺

据克罗地亚"网络"网站2009年7月12日报道，朱利安诺是个生于意大利的罗马尼亚男孩，由于刻苦的体操等身体机能方面的训练，让他赢得了"小绿巨人"的绰号。而日前，他更是以倒立行走这一项目被写进了吉尼斯世界纪录，成为"史上最强壮的男童"。

其实在此之前，关于朱利安诺的视频就曾由他的父亲拍摄后上传到网上。朱利安诺的父亲曾经是位健美先生，由于自身的爱好而不知疲倦地帮助儿子练习，直到他成为网站上的热门，并引以为自豪。

世界绝技大师高林

2006年12月19日，中央电视台正大综艺节目现场，数百名观众欢呼雀跃，气氛异常热烈，一位年逾花甲的老者，身着一袭白色练功服，长发披肩，飒爽俊朗地出现在人们面前，他的耳朵上留着比平常扎的耳眼大两倍的"窟窿眼"，戴着一个大"耳环"，他要用这个"耳环"拉动汽车，也就是说，所有的力量都要集中在耳洞上。这次拉动的轿车车重1.7吨，随着一声呐喊，轿车在两排摩擦力极强的粗糙木板上移动，1米、2米……当轿车在人们有节奏的呐喊声中停留在10米处时，精彩的场面博得阵阵掌声……老者摘取了世界吉尼斯总部耳环拉车第一的桂冠！光荣地戴上了世界吉尼斯奖牌。

高林出生在三河市段甲岭镇的一个小山村里，年幼时便失去了父亲，母亲含辛茹苦地拉扯着他们姐弟二人，先天的不足，加上后天营养不良，他长得细胳膊、细腿、大脑壳，走起路来如同墙上毛苇，稍有风吹草动便东倒西歪。到了8岁该上学的年龄，小伙伴们相继背着书包高高兴兴走进学堂，母亲也不得不把他领进了学校，那些调皮小子们看他长得"出众"，便故意找他挑事打斗，每天放学回家，他都是鼻青脸肿，伤痕累累，每到这时，母亲的眼里都是泪花闪动，小高林攥紧拳头对母亲说："我一定要练好身体，不让别人欺负，还要养活您，让您过上好日子！"

从此，他便离开了学校，到处访名师拜高人，开始了漫长的习武之路。先后得到了武术大师符懋堃的指点亲授，气功大师刘海亭的真传，经过十几年的刻苦磨练，他练就了一身"钢筋铁骨"，尤其擅长通臂拳。高林说，他开始练绝活纯属偶然，习通臂拳讲究一身摔打功，随着习武时间越来越长，他渐渐发现自己的头发很硬，便试着用头发拽起砖头，不成想第一次实验竟拽动了好几块砖，由此他开始"剑走偏锋"，痴迷于自己的头发功夫，由10块砖到15块砖，并逐渐达到了用头发拉动汽车的程度。此后，他的"绝活儿"又由头发发展到耳朵、咽喉。

2002年10月，高林因"前面枪尖顶喉推动1.5吨汽车，同时后面用头发拉动1吨汽车"行走了42米，被中国电视吉尼斯总部认定为创造纪录者。30多年来，他陆续学会了手劈石头、耳朵拎水、肚皮拉车、气绷钢丝、木板过钉等绝活。他已经成功用肚皮扣碗的方法拉动过4吨重的卡车和7吨重的货车，他保持的世界吉尼斯纪录是将一辆2吨重且多人乘坐的小汽车拉动90米远。

2002年在八达岭长城为庆祝北京申奥成功一周年专门为游客准备的助兴节目上，高林用头发将一辆坐满人的红旗牌轿车拉动了10米，博得了游人的阵阵喝彩。此后几年，他先后在浙江杭州、广西三门江、江苏徐州、新疆乌鲁木齐、山东大明湖、河北唐山、湖南长沙、浙江温州、海宁、广东、广州等地献技表演。

2003年4月20日，在南昌梅岭"天下第一擂台"挑战大赛上，表演的"耳朵拉汽车"、"耳朵提啤酒"创上海大世界吉尼斯纪录。

高林耳朵拉汽车

看过《倚天屠龙记》的人，都会记得这样一个情节，张无忌和小昭被困光明顶秘道，张练成"乾坤大挪移"，推开厚重石门，两人得以逃生。书中云："乾坤大挪移"实则是运劲用力的一项极巧妙法门，根本的道理，在于发挥每人本身所蓄有的潜力。气功绝技也有这种举重若轻的绝活，就是用身体上一些非常薄弱的部位（耳朵、鼻子、头发甚至皮肤）来拉汽车、飞机等。此类绝活源于太极功夫的"四两拨千斤"。

在老天桥表演绝技最精彩的要属"银针透体拉车"。先将一根直径一毫米左右的银针插到小臂的皮肤内，然后再套上绳子，绳子的另一端连接在一辆汽车上，然后运足力气，将车拉动，表演者演到兴处，要将汽车拉出很远。这种绝活听起来有点血腥，但事实上，武艺高强的艺人经过长时间的练习，银针透体后已经不流血了。在老天桥表演最出众的要数高林，他虽已67岁高龄，但表演起来气势如虹，惊心动魄，令人叫绝。

所谓"内练一口气，外练筋骨皮"，高林小臂的皮肤已形成了一层老茧，像老树皮一样硬，而且因为长期的训练，小臂的周围都是一些银针刺过的小孔。高林告诉笔者，这种拉车类的绝活要的就是一股巧劲，而且要一鼓作气，小臂也要有足够的力气，如果一口气没提上来，很可能会将小臂的皮肤给豁开了。但是如果这股劲用得好，别说是汽车，就是飞机他也拉得动。

高林的绝技走出国门，他曾代表国家出访日本、马来西亚、新加坡等国家，"2004加拿大中国春节彩灯嘉年华"栏目邀其演出，他以精彩的表演得到国际友人的称赞，并获得世界绝技大师称号。

"圈舞女神"金琳琳

金琳琳自8岁就开始练习呼啦圈，并自此对呼啦圈入迷。她给自己定下一个明确目标：就是要挑战同时转动213个呼啦圈的世界吉尼斯纪录！

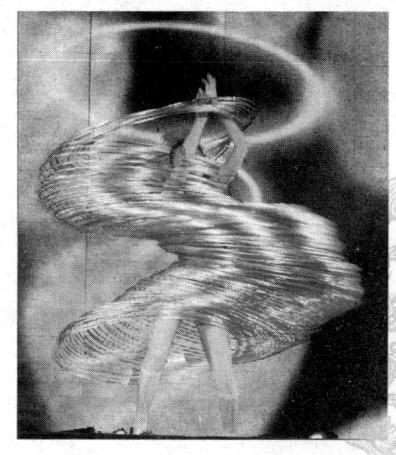

"圈舞女神"金琳琳 在表演中

虽然年纪轻轻，金琳琳已经2年内三次刷新世界纪录。

2006年，金琳琳在中国中央电视台《想挑战吗》栏目中挑战成功并获得年度冠军。

2007年3月14日，金琳琳在中国湖南卫视《谁是英雄》栏目中的现场表演中，同时转动246个呼啦圈，打破世界纪录。

2007年5月1日，在中国中央电视台CCTV3《挑战群英会》中，金琳琳再次挑战自己，再次创新世界纪录：280 条呼啦圈持续旋转 21 秒！

金琳琳已经被冠名为"世界第一女腰""圈舞女神""呼啦圈小天霸"。她以纤纤细腰将超过她体重一半多的一盘 200 多个呼啦圈金属圈，腾空旋转起来！刹那间，数百条呼啦圈瞬间变成一座闪闪发光的金属笼罩！人不见了，只有一股银色旋风，悬空而立，呼呼生风，难以置信。画面如银蛇飞舞，给人极其震撼的视觉冲击。

挑战高峰的 8 岁男孩

8 岁的美国男孩艾丹·戈尔德虽然年纪不大，却是个登山老手。身高只有 1.2 米左右的艾丹从 3 岁开始登山，5 年来他不断攀登高峰，征服了包括喀斯喀特山、阿尔卑斯山和喜马拉雅山在内的一座座险峰。

2008 年 11 月，艾丹与父亲沃伦·戈尔德和几位向导一起攀上了喜马拉雅山一座 6192 米高的山峰。沃伦说，尼泊尔登山协会成员告诉他，艾丹是他们所知最年轻的登顶者。

2008 年，戈尔德一家展开了长达 4 个月的徒步登山之旅。这次旅程从瑞士开始，以尼泊尔首都加德满都为终点。喜马拉雅山是他们在旅途中攀登过的最高峰。艾丹和他的父亲还征服了 4087 米的阿尔卑斯山门希峰。戈尔德一家人（包括艾丹 5 岁的弟弟雅尼克在内）还一起登上了位于海拔 5398 米处的珠穆朗玛峰探险营地。

艾丹的父亲沃伦是华盛顿大学博瑟尔校区的一位生态学和环境科学教师。他表示，希望借登山来使他的儿子们接触世界上人迹罕至的地方，领略美好的大自然。他说："当你登山时，你会有一种奇妙和探险的感觉。"

登山旅程中，沃伦还开展了一系列高海拔生态研究。艾丹的母亲朱利亚也陪伴自己的丈夫和孩子参加了登山之旅。

艾丹从 3 岁开始登山。他征服的第一座山峰是美国北本德附近的一座高山。他的父母说，艾丹的注意力非常集中，完全不惧怕登山中的单调和疲劳。

艾丹高度集中的注意力，某种程度上由一种孤独症引起。艾丹 3 岁的时候被确诊为埃斯博格综合征患者。患有这种病症的人通常注意力非常集中，社会交际能力却不强。

"高空王子"阿迪力

阿迪力是维吾尔族人，1971 年 7 月 1 日出生于新疆英吉沙县，新疆高空绝技"达瓦孜"第六代传人，国家一级演员，被誉为"中国高空王子"，是新疆维吾尔表演高空走绳"达瓦孜"世家的第六代传人。

在新疆，阿迪力是一位富有传奇

色彩的人物。其家族从事"达瓦孜"表演有 430 年历史，阿迪力之父吾守

"高空王子"阿迪力在挑战中

尔是闻名全疆的第五代传人，他在 72 岁时生下了阿迪力。维吾尔语"达瓦孜"的含义就是"高空走绳"，由于运动本身的危险性，达瓦孜一般只传徒弟，不传子孙。1976 年，阿迪力年仅 5 岁时，他的父亲去世了。当时，父亲流着泪把阿迪力托付给他的好朋友，英吉沙杂技团的汉族教练刘福生，刘老师像对亲儿子一样待阿迪力，刘老师在教授给他传统技艺的同时，还糅入了汉族走钢丝的技巧。比如"绳上骑独轮车""头天倒立"等这样新创的表演项目。老师的传授，阿迪力的好学，使传统"达瓦孜"技艺不仅得以相传，而且还有了新的发展。

据说阿迪力的脚板上练出了一条槽，这双神奇的脚令他数次化险为夷。阿迪力说，在钢丝上，他心无旁骛，目中无人，更不会看前面的山峰和底下的物体，他眼中只有那根钢丝。1991 年，阿迪力在上海演出时曾从空中坠落，罪魁祸首是断裂的主绳。身上 17 个地方的骨头摔断了，光肋骨就断了 7 根，胳膊也伸不直了。当时医院的人都说他不能再演出了。但阿迪力怎么也不愿离开"达瓦孜"。休养了半年，他就开始训练，手伸不直，不能单手倒立，他就练出了用头顶绳倒立。

1997 年 6 月 22 日，从瞿塘峡跨越三峡江面，用时 13 分 48 秒，走完 640.75 米长的钢索。2000 年 10 月 6 日，在 430 米高空用时 52 分 13 秒，走完 1399.6 米的钢缆，成功跨越南岳衡山。2002 年 4 月 16 日在北京平谷金海湖面的钢索上度过 22 天。

阿迪力真正为人所知是在钢丝上横渡三峡。1997 年 6 月 2 日，他仅用 13 分钟 48 秒便跨越了三峡，比世界"高空王子"——加拿大人科克伦快了近 40 分钟，也正是这次表演，给他带来"高空王子"的称号。阿迪力另一个为人所知的世界纪录是在空中钢丝上停留 25 天，这也被载入了世界吉尼斯纪录。而且他希望在近两

年内能打破这个纪录。阿迪力除了要与新疆杂技团的演员集体表演《高空钢丝》，还将在解放公园做两场露天表演。那一天空中钢丝的高度为21米，阿迪力不系保险绳，他将在空中钢丝上表演坐椅子、骑单车、金鸡独立等动作。阿迪力开玩笑说："有心脏病的不要去看我的演出。"

最有耐力的游泳健将

现年55岁的斯洛文尼亚人马丁·斯特莱尔，绰号"鱼人"，他是有史以来最伟大的长距离耐力游泳健将——过去10多年来，他曾先后纵游德国多瑙河、美国密西西比河和中国长江，甚至在短短66天内不间断地游完了世界第二长河流、长达5268千米的南美洲亚马逊河。

据悉，马丁的下一个目标是用游泳的方式环"游"世界。一部即将在英国上映的电影《大河人》将首次披露马丁的传奇经历。

马丁6岁就开始自学游泳，1978年他放弃所学的吉他专业，成为一名职业马拉松游泳运动员。1997年，马丁成功横渡英吉利海峡。2000年，他用58天时间游过长3004千米的多瑙河，创造了长距离游泳的世界纪录。马丁也是世界上首位从发源地到入海口游完多瑙河全程的第一人，这也让他首次被载入世界吉尼斯纪录。

2001年7月，马丁再次挑战多瑙河，他84小时10分钟内在多瑙河中不间断游了504千米，创造又一个世界之最。2002年7月4日~9月9日，马丁征服美国密西西比河。2004年6月10日~7月30日，马丁畅游了中国长江，游泳距离4003千米。

2007年2月~4月，马丁在短短66天内不间断游完了世界上第二长河流、长达5268千米的南美洲亚马逊河。烈日的炙烤令马丁遍体鳞伤，他的脸部、额头被二度晒伤，嘴唇上布满水泡，脸颊和鼻子上因伤结痂。更大的威胁来自亚马逊河水下那些危险的鱼类。寄生鲶鱼可以进入人体而引发疾病，食人鱼可以撕裂他的泳衣，被称为"巴西吸血鱼"的牙签鱼可能会偷袭。在秘鲁下水的第一天，马丁就遭遇了一条体长近2米的鳄鱼。随行团员还亲眼见识一群"巴西吸血鱼"在马丁身边游弋。

为保证马丁安全，随行的医疗小组准备了应急措施，比如万一有危险生物靠近，他们将把预备好的动物血液倒入水中，以吸引它们的注意力。如果不起作用，船上也备有武器。

马丁称，在游亚马逊河期间，他每天都要喝2瓶葡萄酒和一些啤酒，以使自己保持旺盛的精力。游完亚马逊河马丁体重骤降20千克。

以演技拙劣闻名的人

19 世纪初，罗拔·戈特思因为演技蹩脚透顶，反而在伦敦成为明星。观众远道前来，只是要亲眼看他是否真如所传的那么蠢笨。他果然没令大家失望，蠢到可称为天才。

他在某剧中扮一个要死的角色，竟先从口袋里掏出一条丝帕，小心翼翼地在舞台上铺好，然后躺下把脑袋上的华丽头饰摊在丝帕上，让自己可以死得像样点。观众看到入迷，连呼再来一次，于是他就要死好几遍。

戈特思于 1772 年在西印度群岛的安地瓜岛出生，父亲是富商兼农场东主。不过他在英国长大，他醉心戏剧，也是在这期间养成的。他经常穿金光闪闪的罗密欧服装，但一直没人请他演这个角色。

终于机会来了。1810 年 2 月 9 日，他生平第一次登台，演的正是罗密欧。他初次亮相的地方是英格兰的巴兹，当时该地是富豪与时髦人物聚集之处。

他的演技之坏令人吃惊，于是一夜之间劣名大噪。

不久，他在伦敦百尺竿头，更进一步。他改编莎剧，任意插入即兴的台词，在剧中又向观众大发议论，还在哄堂大笑之际，恫吓要跳到台下跟笑声太大的观众打斗。

不过观众确实开心。戈特思演出时，照样全场满座，连摄政王这样重要的人都来捧场。他财源广进，坐在一辆光耀夺目、形如铜鼓的马车里，由两匹白马拖着招摇过市。车身还有鲜艳颜色漆绘的一只公鸡，旁边写着他的箴言："有生之年，无日不鸣"。

睡在水上度夏的老人

人人都会睡觉，会游泳的也不乏能人，但在游泳时躺在水面上睡上几个小时，你见过吗？在夏天，61 岁的周通学老人几乎每天下午都是在水上"睡觉"度夏。

"每天，我都躺在水面上闭目养神，既锻炼了身体又得到了清凉。"昨日，记者在石坪桥骏逸新视界见到周通学老人时，虽然身板瘦弱，精神却非常好。

为了见识"水上漂"的真功夫，这天下午 2 点 15 分，记者和周老来到小区游泳池边进行现场测试。只见周老"咚"一声跳下水，往前游了几米后，便翻身平躺在水面上，双手抱头，眼睛微闭，睡起觉来。

漂浮了半小时后，周老在水面上翻了个身，改成侧躺式漂浮。但始终保持手脚不动，呼吸均匀。期间，也有好奇者游到周老身边，效仿起来。可憋满的一口气一泄，人就往下沉，逗得周围的人哈哈大笑。下午 3 点半，天空突然变得阴沉。在记者要求下，周老才上岸。

长时间漂浮在水面上，到底有什么秘诀？周老介绍，自己从 1965 年开始练气功。"正是因为练了气功，才造就这项绝技。"周老说，要想浮在水面上，一定要做到"两调"：先调形，将身体在水面上保持平衡；再调吸，靠腹部呼吸。

因为夏天躺在水上休息，既凉爽又健身，所以周老特地邀请其他爱好"水上漂"的市民共同探讨，创造出更多消暑好方法。

独一无二的无肢画家

法国女画家达妮兹·劳加里，出生于 1910 年，出生时体重仅有 2 千克，既无双臂又无双腿。达妮兹从小好学，自尊心强，很小就学会了用牙咬笔写字、翻书拿纸，把头靠在牙刷上摆动着刷牙。由于她身体上的残疾，学校不愿收她，她就拿姐姐学过的课本和教材，刻苦学习。10 岁时，一位被她的求知欲所感动的教师每天去给她辅导。50 年代初，达妮兹开始学绘画，以她坚强的毅力，用牙咬着笔认真作画，她画了 4000 多幅画，她的风景画尤为出色。达尼兹以她顽强的意志成了世界上独一无二的无肢画家。

百年日历印脑中的人

在江西省宜春市就有这么一名叫做胡奇龙的男子，2001 ~ 2100 年百年中每一天为星期几，每年春节是哪一天等，他都能在五秒之内准确无误地告诉你。

50 岁的胡奇龙是江西省宜春市袁州区西村镇人，因家境贫寒，只读过初中，却很喜欢钻研数学题。两年前，他被招聘到宜春工业园区的一家企业当门卫，有了很多的空余时间，就经常阅读或琢磨一些与数学有关的问题。

2007 年春节前的一天，在工厂上班的一老乡经过他的门岗，随口问了他一句："过年回家吗？"接着自言自语地问道："也不知过年是哪天，星期几？"说者无意，听者有心，胡奇龙脑海里立即萌发了一个钻研日历规律的遐想。

于是，不管是白天还是深夜，只要有时间，他就在纸上推算，或在地上列算式，甚至上班的桌、椅、门等处都被他画上了算式。一年多的时间，他就能推算出 100 年中每一天是星期几、每个节假日是哪一天、哪一年的闰月等情况。厂里的员工都把他当成了"活日历"，每每走到门卫处，都会习惯地问他一下他们想知道的日期。

为了证实胡奇龙的这一"神算",有人对他进行了测试。"2058年的3月20日是星期几?""星期三。""2096年的元旦是星期几?""星期天。""2066年的春节是哪天?""2月5日。"

对于提出的十几个问题,胡奇龙都能在5秒之内对答如流,准确无误。这样一个庞大繁杂的数字组合是如何推算出来的?

胡奇龙说这绝对不是靠死记硬背能掌握的,其中有非常有趣的规律。随后,他拿出了抄写得非常工整的"21世纪各年度元旦星期表"、"21世纪每年春节阳历日期表"及一套长长的"21世纪各年度每月增值数表"等一系列排列表。

"已知2008年元旦为星期二,求2065年元旦是星期几?该题求知与已知年间距离较大,先采用周期重复查寻法:2008 + 28 = 2036,但还相距颇远,再试图2036 + 28 = 2064,得知该年元旦为星期二,2064这个年份能被4整除(需多推算一天),次年的2065年元旦应为星期四"。接着,胡奇龙还按照他的"21世纪各年度每月增值数表",不出5秒就算出了2008年的"五一"是星期四。

世界拉面大王厉恩海

山东人厉恩海创造了四项吉尼斯世界纪录。

第一项纪录:1993年,用1千克的面粉,所拉的数为18扣,522244根面条创吉尼斯世界纪录。

第二项纪录:1998年,在上海正大综艺演播厅,所拉数为20扣,1048476根,长度为北京到西安的距离。

世界拉面大王厉恩海

第三项纪录:2002年,在英国吉尼斯总部,世界2000多名选手参赛,把1千克的面粉拉到了21扣,2090000根,其长度为万里长城嘉峪关到山海关的距离。其高度是珠穆朗玛峰高度的266倍。

第四项纪录:2007年1月,厉恩海在中央电视台演播室第4次刷新吉尼斯世界纪录,在一个针眼内穿入39根拉面。

曾多次受邀请参加过中央电视台1、3、5、7套栏目现场采访。同时还在湖南、海南、天津、广东、北京、杭州、云南、山东美食节活动现场表演。在国外 30 多个国家多次受邀请进行现场表演。

世界"口书"第一人

丽江无臂书法奇人和志刚,他的口书书法作品,早已入选中国国际书画博览会,并在日本举行的国际残疾人书画展获得金奖,全国各地及 60 多个国家书法爱好者争先珍藏他的书法作品。

立志自创"口书"书法

和志刚,1968 年出身于丽江玉龙山下白沙乡一个纳西族普通农民家庭。11 岁时。不幸被高压电击伤失去双臂。意志刚强的和志刚并没有被

无臂书法奇人和志刚

击倒,他在父母的爱心和鼓励下,开始常人难以想象的残疾人自尊、自强、自立的奋斗生涯。失去双臂后,他便以口代手学习书法,口咬毛笔,天天照着父亲给他买来的大楷字帖练

字,并四处拜师求艺,立志自创"口书"书法。开始不少人对他直摇头,说:"我们有手的人都没有写好,何况没有手的人?"但他毫不在乎别人怎么说,每天坚持练字,并以脚代手,闯过了日常生活关,自己照顾自己。他靠自己顽强的毅力,读完了小学、初中和高中,并只身到省城昆明闯天下,拜丽江纳西族著名书法家周善甫先生为师,他的国学功底和书法艺术有了明显的进展。1987 年,他的第一幅书法作品在《春城晚报》发表,便受到了书法界广泛好评。1989 年,他开始担任昆明葛兰素济世之家书法教官。当年 11 月 3 日,中国残联主席邓朴方观看了和志刚的口书书法表演,并给他题词:"不要失去勇气和信心,勇于面对人生,我们会成功的。"和志刚信心更足了。

1993 年,和志刚的口书书法作品入选中国国际书画博览会,并受到书画界高度评价。同年,参展作品又在日本举行的残疾人书画展中获得了金奖。1994 年,他作为中国唯一代表,出席伦敦国际残疾人艺术技能论坛,并受到英国王子查尔斯的亲切接见,期间 VC 电台还报道了他的事迹。1995 年 6 月,中国书法家协会云南分会吸收他为协会会员。

志刚口书,玉龙一绝

和志刚的书法,深得颜筋柳骨书

和志刚在表演口书

法之精髓，笔力雄健，用笔浑厚自然，布局法度谨严，能在细微之处见精神。其独具风格的书法，被世人称道为"口书和体"。国内外不少书法名家对和志刚书法艺术成就给予了极高的评价和亲切的鼓励，新加坡书法家廖宝强给他的题词是"绝世奇才"；《新华每日电讯》总编辑姬乃甫的题词是"志刚口书，玉龙一绝"；中国书法家协会副主席刘炳森送给他的条幅是："与志刚弟共勉，志当存高远"。和志刚的口书书法作品深得李瑞环、李岚清、叶选平、宋健等党和国家领导人的厚爱，全国各地及 60 多个国家的上万名书法爱好者收藏有他的作品。

和志刚在体育运动方面也是一个强者，还在读中学时，他曾夺得全校登山活动的第一名，令全校 1000 多

四肢健全的同学刮目相看，并为之而汗颜。1984～1994 年，他先后在全国、全省及昆明市残疾人运动会比赛中夺得 26 枚金牌。

用眼睛喷水写字的人

书法奇人茹安听说，他不但能用鼻子喝水，还能将鼻子喝的水从眼睛里喷出来。记者看到，茹安听先是用鼻吸水，然后用手摄住鼻孔，猛一鼓气，两股水线即从眼角喷出，喷出的水线在红纸上写下"福如东海"四个字。

茹安听用眼睛喷水写字

据介绍，茹安听 1952 年出生于河南宜阳城关乡东店村，父母都是普通的农民。小时候在河里面游泳时喜欢"扎猛子"，稍不注意就会被水呛了，一次茹先生无意中发现，被水呛着时有水从眼睛里射出来，自己当时都觉得奇怪。

1970 年初中毕业后，茹安听被

招工进入河南洛阳氮肥厂当了一名工人。20 世纪 90 年代以后，国营企业洛阳氮肥厂的经营状况每况愈下，茹安听失业了。

茹安听于是开始练习眼睛喷水的绝技，经过三年多的摸索，他已经能随心所欲将水从眼里喷出，现在已能喷射出 3 米远距离。

茹安听对记者说，2002 年参加了全国绝技绝活大赛拿了一等奖，从此走了演艺的道路。2004 年 12 月，他的眼睛喷水的绝活获得上海大世界吉尼斯颁发的证书，还作为 2005 年春节联欢晚会的特邀演员参加了央视的演出。

一毛不拔而生活的人

受印度"圣雄"甘地影响，英国一名叫马克·博伊尔的男子在一年时间里分文不花，安然生活。他在自己博客中称，这是他生命中最快乐的日子，他打算将这种生活方式继续下去。

马克·博伊尔，现年 30 岁，是"免费经济运动"倡导者。"免费经济运动"崇尚不花一分钱和以物易物的生活模式。

过去的一年里，他一直居住在巴斯市附近小镇蒂姆斯伯瑞一辆破旧的宿营拖车里。

在这里，博伊尔利用太阳能板洗

"一毛不拔"的马克·博伊尔

澡并为手机及笔记本电脑供电；以自己种植的土豆和从超市垃圾箱捡到的快过期食品为食；靠打零工换取免费无线上网时间；出门徒步或骑自行车；手机只接听不打出；衣服来自废物箱或免费回收网站；烧火靠捡拾柴禾；牙膏则用清洗过的乌贼骨和野茴香籽制成……

在"死亡谷"生活的人

撒哈拉沙漠中心地带，长年晴空万里，滴雨不下，一片荒芜，人称"死亡谷"。但图布族人却世代在"死亡谷"定居、繁衍，而且族人身体健康长寿，儿童死亡率也很低。

图布族人的一日三餐非常简单。早晨喝一种草浸液，中午吃一把浸有棕榈油的黍子和几粒枣子，晚餐则以甘薯果腹。他们的新陈代谢极缓慢，汗液、粪便等相当少。地面温度常达70℃，可煮熟鸡蛋，但图布族人能若无其事地赤足行走，快步行走40千米后，脉搏仍与平时一样。图布族人没有肉食，食量也很少。

创"世界纪录"的怪人

库卡尔尼是印度人，个子瘦小，穿着灰色的牛仔服，他脚蹬拖鞋，行动诡秘，每到一处，他便从兜里取出相册，一张张地给别人看，使人毛骨悚然。相册上边都是他自己的照片，有的咧着大口同时抽48支香烟；有的歪着头嘴嚼灯管；有的咬苏打水瓶的颈，鲜血从咬瓶颈的嘴边流出；有的手捧长篇巨著正在撕咬。动机是什么呢？成千上万的目击者费解地向他询问，库卡尔尼只是微笑不答，可能是连他自己也说不清楚，然而有一点对他来说是十分清楚的，那就是，打破已有的常规，一鸣惊人，创造"世界纪录"。

1976年在印度总理生日之际，他在4小时里一口气喝了194杯茶；1977年他在24小时里跑了180千米；1980年他一口吞下65片安眠药，并喝了一杯加糖的牛奶，然后去赶乘特别快车，结果有"有惊无险"。

荣誉开始降临到他的面前了，1981年他单脚站地35小时，获得了天才证书，这是他第一次获得的"光荣称号"。6个月后，他逆向跑步65千米，这次"世界纪录"一直保持至今。1982年他又创单足跳10小时零10分钟，不停地说话15小时两项"世界纪录"。

然而，库卡尔尼并不以此为满足，他决定参加冒大险的玩命竞争。1983年2月10日，他向一位吃玻璃的英国人挑战，吃了2.5千克不同形状的玻璃，他获得了"较量"的全面胜利。1987年10月，他又突破了自己的"世界纪录"，吃了2.6千克碎玻璃。

后来，库卡尔尼又选择了一个足以震惊世界的玩命目标——独闯尼加拉大瀑布。当有记者告诉他几百个人都尝试过了，但都被瀑布卷走、丧命的时候，他自信地答道："我不会受阻，因为我是唯一迎接挑战的印度人。"

双眼皆盲的"海豚儿童"

双眼皆盲的萨缪尔依靠舌头在人流如织的大街上行走自如，而不会撞上其他行人或电线杆，他也因此被人们称作是"海豚儿童"。

萨缪尔·奥德里奇是英国多塞特郡普尔市的一名儿童，当萨缪尔只有3岁时，他43岁的医生母亲杰奎就发现儿子的视力出了问题。杰奎回忆说："当时我和萨缪尔在读一本书，我发现他要将书放到距眼睛很近的地方才能看清楚。他的视力越来越糟糕，于是我们带他去医院检查。结果核磁共振扫描显示，萨缪尔的右眼后面有个高尔夫球大小的肿瘤！我们被告知，这是一个良性肿瘤，可以通过化疗让它消失。然而此时，萨谬尔的右眼视力已经完全丧失，他的左眼也只拥有微弱的视力。"

"海豚儿童"萨缪尔

一周后，萨缪尔在伦敦大奥蒙德街医院接受了紧急化疗手术，几个月后萨缪尔再次接受了测试，结果显示虽然他的大脑肿瘤被消除了，但他的

左眼视力也已完全消失，年幼的萨缪尔成了一个看不见任何东西的盲童。

尽管萨缪尔失去了视力，但他并没有特别惊慌，而是仍然和10岁的哥哥尼克一起在家中奔跑玩耍。

没多久，杰奎和萨缪尔就通过一家慈善机构认识了41岁的美国盲人丹·基什，基什创造了一种神奇的"回声定位法"，他能够像蝙蝠或海豚一样通过回声来辨别物体。"回声定位法"通常是海豚或蝙蝠在寻找食物时使用的方法，它们可以在每秒钟内发出数百下"喀哒"声，然后通过声音撞上物体后的回声来辨别猎物的位置。基什在孩提时代就因患癌症而失明，他是在偶然中发现了人类也可以通过"回声定位法"来"辨别物体"的。

萨缪尔和基什共同生活了好几天，基什教萨缪尔如何通过舌头发出响亮的"喀哒"声，并且如何辨别声音撞上前方物体后返回的"回声"，然后如何在大脑中建立一幅虚拟的景物画面。

在基什的帮助下，萨缪尔很快就学会了"回声定位法"，他能够轻易识别自己走过道路上的所有物体。双眼皆盲的萨缪尔即使在人流如织的大街上也能自如行走。母亲杰奎说："我惊讶地看到萨缪尔能够自如地走进一家购物中心，他仿佛又拥有了一双眼睛。通过掌握'回声定位法'，萨缪尔现在能够到门口的邮箱中帮我们取邮件，能够在超市走廊中自由穿行，他甚至还能像其他孩子一样游泳或练跆拳道。如果他在学校的操场上迷失了方向，他只需用嘴巴发出几下'喀哒'声，马上就能轻易地返回教室。我们真的为他感到骄傲。"

据悉，由于萨缪尔在走路时嘴巴中经常会发出响亮的"喀哒"声，许多路人都会感到相当困惑。不过，当人们知道萨缪尔是个盲童，但却能轻而易举地绕过停泊的汽车或灯柱在街上行走时，他们几乎都不相信自己的眼睛。

乘木桶横渡大西洋的人

葡萄牙里斯本有位冒险家，独自一人乘木桶三次横渡大西洋，创下世界纪录。冒险家格林威用来横渡大西洋的工具是一只1.8米的木桶，1996年他第一次乘这只木桶横渡大西洋，结果用了64天完成计划。

1997年他再次乘木桶横渡大西洋，结果因天气恶劣，只航行了12天就被迫放弃。1998年，他第三次乘木桶横渡大西洋，结果只用了59天就行完全程。

1998年5月1日，48岁的格林威从美国科德角出发。他随身携带了一些容易保存的风干食品以备旅途充饥，还有充足的蒸馏水，他还带了一台无线电收发报机，以便在遇到危难时能及时与外界联系。格林威说："这次横渡大西洋，天气帮了我的大忙。一路上风和日丽，出发之前，有人提出为安全起见，应该让一条船跟着我，但被我拒绝了。我想，我有发报机，这就足够了。当我行完一半旅程时，一艘运输船为我送来了补给，包括食物、饮用水以及电池。除此之外，整个旅程中我再没与其他人联络过。"

6月28日，当格林威胜利抵达里斯本北部海滨时，数以千计的市民前往迎接他。欧洲报纸争相报道格林威创下的奇迹。格林威希望休整几个月后再次尝试横渡大西洋。他说："说实在的，在一只狭小的木桶里生活近两个月，滋味并不好受。但每次旅行归来，成功的喜悦总是难以形容。"

空手杀死52头公牛的人

大山倍达于1927年出生在韩国，随后移民日本，在那里学习空手道。他经常现场向公众表演，他能空手杀死一头凶猛的公牛。

大山倍达总共杀死过52头公牛，其中3头是被他一击致命的，另外49头公牛的牛角都被他掰断，由此，他获得了"上帝之手"的绰号。不要据此认为他的技术只适合动物，他曾经做过测试：连续对抗不同的对手，打赢一个后才能继续下一个。在三天之内，他放倒了300多人。据说唯一没有达到400人的原因是因为，对手们脸上开始出现疲惫神情。根据他的传奇经历制作过三部电影，分别是《死亡竞赛》、《空手道熊斗士》以及《终生空手道》。之所以以"熊斗士"命名，很可能是因为他曾经与巨熊搏斗过。

世界上巴掌拍得最响的人

谁还不会拍巴掌啊？可你能拍巴掌治病吗？能把巴掌拍得世界第一响吗？家住沈阳市铁西区的马宏烈做到了。今年60岁的他站在2.5米处击掌的声音达到了97.7分贝，如同放了个鞭炮，成为目前世界上巴掌拍得最响的人。

拿到英国吉尼斯总部证书的老马告诉记者，他正准备开个巴掌公司，专门教人拍巴掌。

老马说，他拍巴掌是从1991年开始的，他曾是沈阳一家建筑公司的装卸工，一次意外工伤，造成腰脱，他只得办理了病退。住院期间他常常用拍巴掌来解除心中的郁闷，并随之拍打自己的身体，这让他感到很舒服。从此他每天坚持至少拍掌1小时，没想到这种无意识的拍打，却拍出一个世界纪录。

他兴奋地说："差不多10年左右，我的腰脱、脑供血不足等病都好了，我的巴掌也越拍越响了。"

不断创造世界纪录的富尔曼

打破236项世界纪录的人

年过半百的富尔曼来自纽约，是一家保健品商店的老板，创造吉尼斯纪录是他生活的目标。他通常选择在不同国家有象征意义的地方挑战吉尼斯纪录。

在过去的30年中，他致力于创造各种稀奇古怪的世界纪录。尽管一些纪录被后来人刷新，但在最"辉煌"的两年前，他同时保持着100项世界纪录。

"我下一个目标是再创造20项新纪录，这样一来，即使有人打破我先前的纪录，我依然是拥有最多世界纪录的人。"英国《每日邮报》引述富尔曼的话说。

富尔曼 1979 年在纽约连续跳跃 2.7 万次，第一次打破世界纪录。随后，他就一发不可收拾，在世界各地挑战各种纪录，其中包括沿着长城站在健身球上弹跳 1.6 千米等。

富尔曼沿着长城站在健身球上弹跳

2009 年，他已创造数个古怪的世界纪录：2 月份，他在一分钟内拍球 339 次；3 月份，他在一分钟内用筷子夹起并吃掉 40 颗巧克力豆；4 月份，他用 111 种不同语言翻译并背诵一首诗。接下去他希望成为穿脚蹼跑步最快的人。

"创造纪录不是为了打败任何人或我自己。"他说，"这是证明给世人看我们可以做任何事，人类没有极限。"

跑步穿越撒哈拉沙漠的人

千百年来，人们从不同的方向穿越撒哈拉大沙漠，但没有一个人是用跑步由北向南完成这 3300 千米的艰苦路程的。1980 年 11 月 27 到 1981 年 1 月 15 日，历时 50 天，到达大沙漠南部尼日尔的一座城市津德尔，成为世界上第一个慢跑穿越撒哈拉大沙漠的人。

马丹这次跑步穿越大沙漠时，后面跟有三辆汽车和一组随行人员，其中包括一名按摩师，一名急救医生和一些摄制电影的技术人员。他基本上每天从早晨跑到中午，然后休息一会儿，下午再跑大约 5 小时，直到夜幕降临，才结束一天的行程。有几次他迷失了方向，在沙漠里东奔西跑，但他拒绝跟随的汽车帮助。马丹依靠自己的两条腿和顽强毅力，完成了这一惊人计划。

凭二指禅夺世界冠军的王巍堡

王巍堡从小就开始练武，8 岁时在父亲的指导下开始正式练习二指禅，曾先后师从原河南省武术运动管理中心副主任林素朴、原中国技巧协会副主席都庆廉、原解放军体育学院大队长罗宝山及杂技艺术家罗九宝等众多老师。在武术界练二指禅的人很多，但是如何保持肢体协调平衡，姿势优美地完成二指倒立却是需要靠科学的理论系统来支撑的。

王巍堡

"我一直在思考，怎样把二指禅的动作做得像是体操运动员和跳水运动员那样优美、有力度。"王巍堡说，二指禅实际上是一门全身功夫，要用到腕力、臂力、背力、腰力和腹力及腿部肩部的柔韧等，当然最重要的是指头的功力，这就要练习指的勾力、支撑力、反支撑力和点力。为了加强指根的力量，他用食指和中指勾杠铃、做引体向上和俯卧撑，此外还在生活中有意识地练习手指的点力。

这一练就是二十几年，王巍堡至今仍坚持每天练习3～6个小时，这也许就是所谓的"冬练三九，夏练三伏"吧！他双手食指的第一关节明显比其他关节要粗得多，中指的第一关节也有厚厚的一层经长年累月练功结下的老茧。为了达到科学训练的效果，他还研究物理上的支撑力、反支撑力、勾力与手指的相互关系，在中国武协出版的一本武术教材《武术功法运动教程——竞技功法》中他撰写了第六章《指鼎较力》对二指禅、一指禅进行进一步的挖掘与阐述。

随着时代的发展，传统的武术与功法也要与时俱进，怎样才能让传统武术与功法更富有现代气息？让武术功法表演也具有观赏价值呢？王巍堡在研习传统、继承传统的同时，又走出传统之路，博采众家之长，融入自家独创。超前的思维使他通过对二指禅、一指禅及武术套路的掌握，独具匠心地融音乐、舞美、书法、艺术于一体，对自己的表演进行了艺术的编排。

1999年，王巍堡结合武术套路，自创"罗汉二指禅"拳法，并大胆地将其搬上了国际传统武术暨绝技大赛的赛场，更一举夺冠，第一次让全世界知道原来二指禅还能和拳法套路相结合。王巍堡在各地的巡回表演中受到了广州军区文工团艺术表演的启发，"应该将二指禅的表演融入舞蹈和音乐的艺术元素，以中国传统武术和古典音乐为基础的二指禅表演才会更有韵味，更具有观赏价值。"王巍堡就此留在了广州军区战士文工团，除了每天十几个小时的训练之外还研究如何将二指禅与舞蹈和音乐相结合。王巍堡有意观摩著名舞蹈大师黄豆豆的《秦俑魂》《醉鼓》《龙腾虎跃》等舞蹈并将其与传统武术的九节鞭、刀剑和太极套路相结合来丰富自己的表演。在一次欧洲的巡回演出中，他终于完成了武术与艺术的融合，最后还将书法搬上了舞台，这才使他对节目表演感到了有一丝的满意。一分耕耘，一分收获。王巍堡曾先后获得国际传统武术暨绝技大赛冠军、首届全国武术功力大赛冠军、第二届全国武术功力大赛冠军、第三届全国武术功力大赛冠军、中国十佳绝技绝活第一名，他的绝技被列入吉尼斯纪录，在去年的第四届全国武术功法大赛中他再次获得该项目的冠军。

"没有最好，只有更好。"这是王巍堡的一条座右铭，他坚持刻苦练习，以赤诚的心对待自己的事业。"我一向都是跟自己比较，希望自己能够不断有新的突破。"说着他拿出手机，打开记事本，上面有这样一条记录"2007年12月16日10：45分单手二指倒立20秒！"王巍堡将自己的每一个进步都用手机记录下来，他说每个突破都会让自己骄傲自豪。2008年，他练成单手二指倒立（即单手二指并手并腿倒立）25秒，更难得的是，当时他还能跟同伴说着

"看啊，我单手二指并手并腿的倒立起来了！"说着他开心地笑了，"没有什么能比有新的突破更让我激动的了。"为了保持体重，避免给练功带来阻力，王巍堡每天除了喝牛奶吃鸡蛋之外只吃很少主食，晚餐只吃蔬菜煮牛肉或者自制一些水果沙拉。作为一个酷爱面食的西北汉子，为了练功也不得不对馒头、面条等美食下了禁令。

王巍堡生活得很惬意，除了练功之外，他还喜欢书法及诗词。2004年11月，王巍堡首次在佛山参加首届全国武术功力大赛后，添词《清平乐》一首抒发自己的情感：甲申暮寒，气清月明圆。全国武英聚佛山，铁掌神拳再现。四海群雄争霸，五洲豪情冲天。桂冠谁人问鼎？二指谈笑凯旋！当他事业顺利的时候、当他苦闷烦恼的时候、当他休闲一刻的时候、当他参加比赛或到其他国家演出的时候都会作一些诗词，用诗歌的方式诉说着自己的喜怒哀乐与成败得失。他说这是一种人生的记录方式，虽然写得不好，但它可以陶冶自己的情操，还可以让自己用这种方式回忆自己奋斗拼搏的足迹。

超常奇人

雪 人

20 世纪 80 年代，当时驻守在阿富汗的前苏联军队不时受到雪人的袭击。1984 年，苏军中至少有 30 人被雪人杀死，50 多人受伤；1985 年，有 37 人被雪人杀害，30 人受伤；1986 年，又有 20 多人死于雪人之手，受伤者也有 50 人。还有一名士兵被雪人捉去后，不知所终。几年下来，苏军近百条生命丧于雪人之手，但却获得了人类研究雪人的第一手可贵资料。他们不仅整理了大量的目击资料，还在阿富汗捕获了 1 个活雪人，杀死 3 个雪人。那个活雪人完好地运回莫斯科。

据一名同雪人搏斗过的前苏联士兵说，雪人力气很大，它突然出现，一下子就将他们乘坐的吉普车推翻了，接着雪人用双手紧抱着他，勒断了他几条肋骨，使他几乎透不过气来。直到别的士兵朝雪人开枪，打死

了雪人，他才被救了出来。

1984 年 8 月 26 日，离阿富汗边界 80 里的前苏联塔吉克共和国首都杜尚别市人们看见一个被捕获的雪人。雪人的样子像人多于像野兽，身高如美国黑人运动员，但全身长满 2 厘米长的深褐色毛发，手和脚则光滑无毛，呈浅灰色，脸部犹如人类，耳朵特大，嘴巴也超过了常人的宽度。

蛇 女

温金兰，今年 29 岁，出生于马来西亚一个贫寒的家庭。自从出生以来，温金兰就不喜欢穿衣服，即使天寒地冻的日子，也照样光着身子。更不可思议的是，她无法像常人一样走路，只能像蛇一样在地上爬行，被街坊邻居称为"蛇女"。每次吃饱后，"蛇女"就像蛇一样蜷缩在地上，跷起双脚睡觉。

自从"蛇女"出生以来，温金兰的父母花光了所有积蓄，带着女儿

遍访名医，但都无法治愈女儿的怪病。虽然已经长到 29 岁，但她看上去却像一个 10 岁的小姑娘，只有 1 米多高，而她的智力也只像一个童心未泯的孩子。

29 年来，心地善良的母亲杨亚妹一直含辛茹苦地照顾女儿，但由于 72 岁的温顺来突患重病，杨亚妹每天都要去医院照料丈夫，压根无暇照顾患怪病的女儿，只好向当地社会求助。

在有关部门的热心帮助下，"蛇女"温金兰日前在母亲杨亚妹的陪伴下，来到了当地的"幸运之家"儿童中心。

抵达儿童中心时，孩子们正在享用丰盛的午餐，而"幸运之家"的负责人张国梁也立即吩咐员工，盛了一碗饭菜给温金兰填饱肚子。这名"蛇女"依然如小孩一样，要母亲一口口地喂饭。

吃饱后，一丝不挂的"蛇女"就撒娇地躺在地上，整个身体蜷缩成一团，伸开两只脚昏昏欲睡，舌头如蛇舌般不停地伸出蠕动，看上去就像一条打盹的"蟒蛇"。由于儿童中心禁止任何人赤身裸体，张国梁吩咐员工拿衣服给"蛇女"穿上。

可是，当满头大汗的员工替她穿上后，温金兰又很快把衣服脱得精光。杨亚妹含泪同意员工暂时把她的双手绑在睡椅两旁，而可怜的"蛇女"无力挣脱，只能低着头坐在地上发呆，让人看了十分揪心。

蛙 孩

在秘鲁首都利马北部一个山村里，一个青年妇女生下了一名举世震惊的婴儿——半人半蛙的怪物。接生的医生给他取名叫"蛙孩"，并说他是混沌初开时由深海进化到陆地生活的人类远祖模样。

由于他相貌古怪，连他母亲也不准去探望。他居住在一间模仿青蛙自然生长环境的实验室内，由 20 多名医生、专家和护士每 24 小时轮流照顾他，以确保他能继续活下去。

这个孩子双眼突出，头部似是一只青蛙，但他的鼻子却与人无异，嘴唇十分厚，像一只青蛙的嘴唇。手指和脚趾皆较一般正常的婴儿长，双脚略似人，但皆扁平，趾与趾之间有蹼相连，双腿十分长，弯曲起来时，膝盖可以达到鼻子。这双腿用来跳多于行，简直就是青蛙腿！"蛙孩"的母亲说："我不知道怎么会生下这个怪婴，我就像其他母亲一样，怀着肚里的儿子。唯一的例外是有一天我不慎跌进附近的一个河塘里，但这似乎不应该有这样的后果。"

为避免引起外界注意，医生们拒绝透露他的消息。但有一名医生发表意见说："他可能是自然界一次突变的结果，这次突变使得这名孩子天生便没有完整的脑袋。"

犬 孩

在前联邦德国杜塞尔多夫的梅特曼公寓里有个名叫沃纳的 4 岁男孩，由于双亲置之不理，由家里的母狼犬抚育长大，行动举止酷似小狗。沃纳吸气似狼，叫声如犬，俯趴而眠，双臂前伸，头侧枕在一只手臂上，与犬类殊无二致。沃纳的手脚却出奇的干净。原来母狗不时舔他。沃纳只会叫"艾斯塔"，艾斯塔正是母狗的名字。

沃纳的父亲失业，家境贫困，父母大部分时间把孩子与狗一起锁在屋里，当地检察官以虐待儿童的罪名控告沃纳的父母。

猪 孩

在辽宁省台安县发现了一名习性与猪相似的儿童。

这名女孩，从小就喜欢和猪在一起玩耍，常背着大人，偷吃猪食，吸吮猪奶，有时还偷偷睡在猪圈里。有趣的是，猪不拱也不咬她，即便性情暴烈的猪，只要听到她的哼叫，就会驯服地跪到她的身边。当小女孩同猪玩得高兴时，大人如阻止，她就会号啕大哭，拼命反抗。

这名小女孩身体外形与一般儿童一样，但表情呆板，话语不清，常常像猪一样哼叫、呼吸，喜欢像摇尾巴似地轮流晃动腿。

中国医科大学的专家认为，对这一个小女孩经过多次全身检查后初步认为，她奇特的习性，完全是因为长期和猪在一起生活形成的，要彻底根除她不正常的习惯，恢复正常人的功能，可能需要很长时间。

羚羊孩

20 世纪 60 年代初，法国探险家阿芒只身横跨西属撒哈拉。在一片沙漠上，他惊讶地发现羚羊群中有一个年约 12 岁的小男孩。他蹦跳幅度惊人，频率很快，善于攀登悬岩峭壁。"语言"的交流方式当然是遵循羚羊群体的法规：舌舐，足踢，摆头，甩耳。

羚羊孩嗅觉灵敏，他的视觉看起来非常发达，能望到遥远的地方，睡眠很少。以舌头舐食。羚羊孩专食草叶，同羚羊一样，他用自己的尿水和粪便标明自己的领地。

记忆女王

一名 40 岁的美国家庭主妇拥有绝对惊人的超级记忆力，她能记住 30 多年来自己生命中每一天发生的任何大事小事。这名美国"记忆女王"令科学家们深感震惊，此前科学家从来没有遇到过第二个拥有这种离奇记忆力的人。

据报道，这名40岁的美国加利福尼亚州女子代号叫做"AJ"，人们只要向她提出最近20多年来的任何一个日期，她就能立即回忆起那一天她遇见了什么人、做了些什么事——甚至连当天的天气情况和晚餐吃了些什么，她都能回忆得一清二楚。

此外，AJ还能立即告诉研究人员许多世界大事的发生日期，包括哪天哪儿发生了一起小型地震等。AJ的记忆能力是如此精确和详细，并且她从不依赖任何记忆技巧。

据悉，AJ最早是在1978年发现自己具有惊人的记忆能力的。据AJ称，她惊人的记忆力可能是由8岁时的一次搬家引发的。

AJ说："在我搬家后的头几个月，我总是试图留住以前生活中的每样东西，记住以前的每样事情。我能记得搬家前发生的许多事，但搬家后，我却能记住每一天所发生的事。"此外，AJ的回忆能力完全是天生的，她对记者说："我从来没有刻意学习什么记忆技巧。"

美国科学家至今无法解开AJ的记忆之谜，AJ也被科学家们戏称作是"人体日历"。然而，科学家发现，AJ的智商仍属于普通水平，并且，尽管她对日常生活拥有超人的记忆力，但她却无法记忆长串数字或字母。

毒不死的人

在法国，一位名叫玛丽莎的美女被人称作毒不死的女子。据称，她的肠胃有天生的抗毒功能，百毒不怕。在玛丽莎同她的第一位情人分手之后，她的这位当药剂师的情人曾先后四次对她下毒，想置她于死地，然而她都丝毫没有反应。最初，他怀疑自己配制的毒药有问题，于是试着给一流浪汉喝。3分钟后，这位流浪汉便死亡了。警方在查出真相之后发现，玛丽莎的情人配的毒药可置常人于死地，但对玛丽莎却不起作用。不久，玛丽莎能抗毒药之事流传开来，有人不相信，又配毒药让玛丽莎喝，结果还是安然无恙。

1971年，美国人罗拨雷埃布夫妇为了证明DDT并不如世人所形容的那么毒性强烈，可致人命，居然把DDT混入食物内，吃了13天。吃时有人在场证明，DDT分量与食物各占一半（医学界指出，即使占1/10，也会致命），医学界竟不明白，何以吃了13天，他们竟会安然无恙。

最细的腰

美国康涅狄格州的女子卡捷·荣

格拥有世界上最细的腰身，周长只有38.1厘米。在过去12年中，她一直坚持每天穿束腹紧身衣，现在更是24小时都不脱下来。她说："我有大约100个收腰胸衣。"

不怕冷的人

来自福建南安的奇人王金图有着极强的耐寒能力，他在一个容器里被碎冰块"埋"了一个半小时，破了吉尼斯世界纪录，从此成为全世界最不怕冷的人。

此前全身与冰接触最长时间的吉尼斯世界纪录保持者是荷兰人维姆·霍夫，他在一个装满小方块冰的管道中站立了1小时17分钟。

淹不死的人

世界上有一种不沉的人，随你把他（她）抛到任何的江河湖海里，他（她）都能安然地浮在水面上，被人们称作"软木人"。

在澳大利亚的阿得雷德城，有个名叫毕格斯的女人，她从未学过游泳。某天，她第一次来到游泳池，一进水里，发现自己像一块软木，自动地浮到了水面上，她感到十分惊奇。后来，她就有意地在身上绑了块石头，结果仍然还是不会沉到水下。为此，不仅她自己莫名其妙，就连医学

家们至今也没有弄清是什么原因。

在美国，有个叫安吉罗·伏阿契克的人，也有这种神奇的"本领"。这位体重90千克的彪形大汉，不但可以在水中如同在席梦思上安稳地睡觉，而且，还可以像一根圆木一样在水面上自由地翻滚。有一次，他好奇地在脚上挂了一个10千克重的铅球，还仍然在水上漂了14个小时。还有一次，人们做了这样的试验：把伏阿契克装在用23千克炮弹作坠子的口袋，只有脑袋露在外面，放进海里。就这样，他在海里还一直漂了8个小时。

美国哈佛大学的专家们对安吉罗·伏阿契克的神奇本领进行了专门研究。专家们曾设想伏阿契克的内脏具有像鱼鳔那样储存空气的能力，但经过最先进的仪器检查结果表明，并没有发现任何同普通人不同的地方。那么，像毕格斯、伏阿契克这样的"软木人"，他们的"软木"特性究竟是什么呢？专家们至今也未能作出科学的解释。

不喝水的人

长得又壮又胖的华安列克是法国的一个水手，已经59岁了，此生没喝过半滴水。有人不相信，邀他到非洲撒哈拉沙漠去旅行，那人用5只骆驼带上能维持800多千米行程的水

量，而华安列克不仅不喝半滴水，一路上还大吃饼干，走了足足 20 天，那人渴坏了，华安列克却没有半点异样。

12 岁的巨人

在美国华盛顿州埃伦斯堡，住着男孩巴伦登·亚当斯，现年 12 岁，身高却超过 2.13 米。令人难以置信的是，他还在不停长高。

美国广播公司 19 日播出纪录片《医学谜题》，讲述巴伦登身高之谜。巴伦登的身高远远超过同学甚至教师。尽管朋友们认为巴伦登是一个普通孩子，但他的处境与其他孩子实际并不一样。在学校，巴伦登只能侧身坐在课桌一边、必须屈膝弯腰才能通过每一道门。身高限制了他的行动，那些为 12 岁少年提供的设施不适用于他。

与普通 12 岁少年相比，巴伦登的一切都显得与众不同，包括粗大的关节、脂肪瘤和多颗额外生长的牙齿。

巴伦登的父亲威利·亚当斯说，孩子出生时体重 3.31 千克，体长 0.49 米，没有任何异常。然而，两个月后接受健康检查时，医生告诉亚当斯夫妇，"这个孩子的身长有些过长"。更让人惊讶的是，巴伦登 4 个月大时长齐了所有牙齿。

这对夫妇意想不到的是，巴伦登 8 岁时就具备了成年人的体形。多年来，医生从未中止寻找巴伦登不停生长的原因。

主治医生帕里西说："关键问题出在巴伦登体内不同寻常的遗传基因。他的第 12 组染色体出现反常现象，基因突变影响了体内其他细胞生长。"

一些专家预测，巴伦登的身高会突破 2.4 米。医生们仍然面临一项艰巨任务，即如何让他停止长高。内分泌学家贾德·克莱特提出一个稍显疯狂的建议：为巴伦登注射睾丸激素，加速他的青春期生长速度。依照克莱特的提议，巴伦登接受治疗，增高速度现阶段明显放缓。不过，巴伦登究竟能长多高仍是一个未知数。

4 岁的女作家

美国有一位 4 岁的女作家，名叫多芬西·斯特雷特。

多芬西·斯特雷特 1958 年 5 月 25 日生于华盛顿，她 4 岁时写出了第一本著作《世界是怎样开始的》，许多人听了都不相信这是真的，但此书确实是出自这位小姑娘的手笔。她被称作全世界最年轻的作家，她的才华引起了学术界的震惊。

6 岁的大学生

美国南阿拉巴马大学曾接受了一名只有 6 岁的新生，这个男孩名叫卡尼。他主修人类学，打算读完硕士、博士学位后当一名地质学家、电视节目主持人或漫画家。卡尼的入校引起大家的纷纷议论，有的同学认为如果卡尼的成绩比他们还好，那他们将无地自容，只好退学了。

推迟死亡的人

在一次战斗中，一个传令兵向拿破仑飞奔而来并递交一份藏在马鞍中的信件。拿破仑问他："你受伤了吗？"

"不，我被杀死了。"这个传令兵刚回答完，就从马上掉下来真的死去了。

像这种用意识推迟死亡的事例并不少见。例如有一个身负重伤的飞行员，一直把死亡推迟到他使飞机着陆为止。心理学研究表明，由于濒临死亡的人感到某种责任未尽，加上顽强的意志努力，使大脑皮层上形成了强烈的兴奋中心，唤醒着即将丧失的意识，结果推迟了死亡的到来。当完成了肩负的责任以后，这个兴奋中心一下子就松弛下来，使濒临死亡的人即刻死亡。

千杯不醉的人

43 岁的烈酒推销员山姆·史葛吉是澳大利亚人，他从来没喝醉过，不管喝多少酒，都毫无醉意，而且行为、反应比喝酒前还要敏捷。科学家曾在他身上进行一连串试验，想以便找出喝不醉的原因，从而发明一种有效的"解酒药丸"。

腹内藏蛇的人

在土耳其首都安卡拉附近的一个村庄里，有个叫伊尔蒂丽姆的 15 岁姑娘。5 年来，难以忍受的腹痛日日夜夜地折磨着她，当地医生一直没有查出病因。1981 年，父母带她到首都医院求治，医生作 X 线检查后，发现她的腹中竟有 3 条长约 30 厘米的活蛇，相互缠绕在一起。经过手术取出了蛇以后，伊尔蒂丽姆便恢复了健康。

姑娘的腹中怎么会生蛇的呢，据医生分析，可能是饮用了含有受精的蛇卵的河水所致。

最矮小的侦探

居住在瑞士日内瓦的 26 岁鲁西奥·平科，可谓是世界上最矮小的私家侦探，其身高虽然只有 1.4 米左右，但"矮仔多计"，侦破了不少大案。

有一回，平科与伙伴合作调查一名军火商是否住进了某家酒店，但店主拒绝让他们翻阅住客登记册。平科眉头一皱，计上心来，马上买了一只大号体育用品袋，自己爬入袋内，而后让同伴提着来到酒店接待厅，先付账，接着把体育用品袋寄存在店主办公室。待店主离开房间，平科立即爬出袋子，从写字台的抽屉里取出住客登记册，并对写有军火商名字的那一页拍了照，顺利完成任务。

变性男生女产子

据英国《每日邮报》报道，代妻怀孕的美国变性人托马斯·贝蒂继2008年顺利产下一名健康女婴后，不久又诞下一名男婴。

据悉，贝蒂原本是一名女性。几年前，贝蒂通过变性手术，变成法律意义上的男性，并与现在的妻子南希结婚。南希早年因严重的子宫内膜异位切除了子宫，没有生育能力。贝蒂在变性时保留了女性生殖器官，只做了胸部整形，日常靠注射激素维持男性特征，以期有朝一日能替妻子生育后代。为了怀孕，贝蒂后来停止注射男性激素，很快恢复了排卵。由于始终没有找到愿意为贝蒂做人工授精的医生，贝蒂夫妇最后从精子银行购得匿名捐赠者的精子，并用通常用来喂鸟的、去掉针头的医用注射器在家自行完成授精。

贝蒂怀孕后的照片曾一度引起轰动。就在女儿出生几个月后，贝蒂就宣布再次怀孕了，二人表示今后可能再生几个孩子。

与狗结婚的男孩

印度东部奥里萨邦一名不足两岁的男童与他邻居家的一条狗举行婚礼，只因他的上颚长了一颗小牙。

与狗结婚的男孩

男童萨古拉和家人属于当地一个部落。当地居民相信，他这样年龄的孩子上颚长牙是个坏兆头，很可能遭到老虎等野兽袭击。与狗举行婚礼后，他可以得到天神护佑，解除诅咒。

当地媒体报道，父亲当天怀抱着萨古拉来到一座寺庙。在大约150名部落居民注视下，神职人员为男孩和狗主持结婚仪式。随后，村民们一同参加酒宴。那只被宣告成婚的狗则重获"自由"，可以四处走动。

根据当地习俗，萨古拉长大后仍可以正常结婚成家，无需与狗办理"离婚"手续。印度法律不承认人与动物之间的婚姻。

被雷电跟踪的人

美国的佩戴·乔·巴达松不知什么原因，一直被雷跟踪着，一生竟遭8次雷击，让人不可思议。

佩戴·乔·巴达松从小就受过雷击，虽然她当时幸免于难，但从那以后，她的住宅受到了三次雷击，特别是1957年的第三次雷击，把她的家烧得一无所有。

佩戴长大以后，和一位名叫亚尼斯特·巴达松的男士结了婚，婚后安家在美国密西西比州的乡镇温班·乍尔。这时，雷也跟来了，三年内他家竟连遭4次雷击。最后发生的那次雷击更为可怕。当巴达松夫妇在庭院剥豆荚时，突然狂风大作，雷雨交加，几分钟后，震耳欲聋的暴雷巨响，把房屋都震动了，只见室内被雷击成一片焦黑。当他俩跑出走廊时，发现庭院的植物及抽水泵都有受到雷击的痕迹，家犬被击死，受到雷击的地面，留下了一条一米深的长沟。

专家们认为，佩戴身上可能有一种特殊物质，因此雷一直跟踪着她，不过这也只是一种猜测而已。

换过三颗心的人

一个人两条心不为过，可是有一个英国男子，有过4颗心，曾在他的身体内跳动着。40岁就退休的保险经纪人伊力肯特的胸内，就先后有过4个心脏，有一个心是他本身的，另外3个是移植的心脏。

伊力是英国烈特市人，他是踢足球的，长途步行，气力充沛，然而在1980年初，开始经常感到头晕及疲劳，那年因病入医院，检查后才知道是心脏病发作。他还不大相信，认为自己还年轻，不会有心脏病。

在一周内痊愈返家，但是数月后，医生告诉他一个可怕的消息，他的这个心脏支持不下去了，将要改换一个。他追述说："我被吓坏了，移植心脏通常过一段时间就得死亡。但医生清楚地说明，没有一个新的心脏就是死亡。"

数周后他获得了一个心脏，立即送入剑桥的巴柏夫医院。在动手术前，他搂抱亲吻两个女儿，他承认很害怕，但那又有什么办法？1981年3月28日，他做了第一次心脏移植手术后醒来。他说："醒了之后，是他人的心在我体内跳跃着，情形不错，我的呼吸很畅顺。"伊力的生命恢复正常。但第一颗心在他的体内三年之后，出现了排斥现象，他感觉不适。

他的体力衰退很快，他便又住进了医院，这一次看来是踏入死亡之门了。他在医院内等候有心脏可换。到了1984年5月8日，奇迹又出现了，医生通知他，找到了另一个适合他的心脏，他接受第二次心脏移植手术。

做完了手术之后，他是用第三个心来活着的，他想，这一次大概可以支持下去了吧，然而到了1986年5月，到医院进行一次例行检查的时候，他看医生的面色就知道不妙，因为以前他领受过医生这副样子，他几乎知道医生要说的话"这个心脏又受到排斥，你需要另外一个新的心脏，也就是说要做另一次手术。"

这一次伊力等候了几个月，最后在1987年1月，他在看一次足球比赛时，医生紧急通知他马上返回医院去做手术，因为找到了第三个他人的心脏。1月25日他接受了第四个心脏。

因梦被判刑的人

1990年夏季的一个夜晚，在美国芝加哥一处住宅中，年轻的洛仪丝和丈夫斯特文都已睡熟。突然，洛仪丝被身边丈夫的惊叫声惊醒，她推推丈夫："你怎么了？是不是做了噩梦？"这时是凌晨1点30分。斯特文睁开眼睛，他的头发已被汗水湿透，脸上一副惊魂未定的神态。"太可怕了，我梦见一个年轻女子被一男人殴打致死，死后她还被强暴了。"

第二天傍晚时分，洛仪丝家来了两个陌生警察。他们询问洛仪丝和斯特文是否认识一个叫凯媛的年轻姑娘，夫妇俩回答说不认识。"昨天晚上发生了一起杀人案件，凯媛被害。她的住所离你们家只有30米远。你们没有发现什么可疑的情况吗？"洛仪丝和丈夫都回答说："没有。"送走警察，洛仪丝和斯特文四目相对。斯特文梦见的事情怎么真的发生了，而且许多细节与警察说的那么相似，简直不可思议。沉默了许久，洛仪丝对丈夫说："你愿不愿意对警察讲讲你的梦？这看起来有些荒唐，但说不定对他们寻找罪犯有用呢？"斯特文觉得妻子说得有道理，决定到警察局走一趟。当天晚上，警察在听了斯特文讲梦后说："你的梦真说不定有助于我们破案。你能不能讲得再详细些？比如，凶手是已婚者吗？"斯特文回答："有可能。"警察又问："你认为凶手行凶后有无内疚感？"斯特文对这个问题很纳闷，但还是回答了："大概没有吧。"得知警察提出的那些奇怪的问题，妻子皱起了眉头："他们该不是怀疑你是凶手吧？"斯特文安慰妻子道："不会的。警察也知道，假如我是凶犯，我怎么可能自己主动找上门去对他们说出这件事情呢?"然而,真如妻子洛仪丝所料,警察真的把斯特文当成了凶手,把他抓了起来。

1992年5月,法院正式审理斯特文一案。法院当庭播放了斯特文与预审官的谈话录音,给人的印象是斯特文当时并不是在说梦,而是在讲述他的犯罪事实。法庭上下居然忽视了一个重要的事实:在案发现场取到的指纹及头发与斯特文的都不相符。法官们一味地强调:斯特文了解案件中的很多细节,而这些细节只有凶手本人才会知道。他们不相信这些细节是斯特文所梦到的,世上哪有这么巧的事情?于是,斯特文被判刑40年。

斯特文不停地申诉,终于引起芝加哥一家报纸记者的关注。这位记者在斯特文的案卷中找到一个突破口:有一件物证被所有人忽略了,就是在受害者身边找到的一块手帕,上面沾有精液。经化验,手帕上的精液不是斯特文的,这足以证明斯特文不是杀人犯。

1995年8月17日,斯特文迈出了监狱的大门。真没想到夜间一场噩梦竟让他在监狱里呆了整整5年,成了他不堪回首的一段往事。

绵羊生下的男婴

澳大利亚珀斯东部一个农场,发生了一件奇到不能再奇的怪事,有只怀孕的绵羊竟产下男婴,经医学调查,该婴儿百分之百系人类,简直不可思议。

牧场主人米尔顿和埃琳娜·弗劳利老夫妇,两口子结婚30多年,一直没有生育,极感遗憾。某年初,弗劳利夫妇请来美国动物人工受孕公司,替他们所养的绵羊进行人工繁殖。他们发现其中一只怀孕的绵羊腹部异乎寻常的大,到生产时表现异常痛苦,老夫妇急找兽医布鲁斯·伦斯摩尔求助。在兽医助产之下,首先看到一个人类婴儿的头钻出来,三人简直无法相信自己的眼睛,然后整个的诞生,竟"哇"的一声哭了起来。三个人坐在牧场上,呆视良久,其中一人说道:"这有可能吗?"

以后几天,澳大利亚各地科学家蜂拥而至,婴儿被送去医院检验,照X光,详细分析,一致结论:"百分之百是人类!"

科学上唯一的解释是,母羊在接受人工受孕过程中,误输进了人类男性精子,变相的"人兽交合",使绵羊怀人胎,竟生了个5斤多重的男婴。

婴儿的降临,使得这对膝下无子女的老夫妇激动不已,喜极而泣。他们逢人就说:"这简直是上帝的恩赐。"

记忆力神奇的人

立陶宛维尔纽斯的拉比·伊莱

贾，一生中只读过一遍就记住的书有2000多册，他随时可以背出这些书卷中任何一页或一页中的部分。法国政治家利昂·甘伯泰可以从指定的任何词句开始，逐字逐词地背诵上千篇雨果的作品，顺背或倒背都行。日本索尼公司职员友寄莫哲于1979年10月，创造了背诵圆周率达小数点后20000位的最新纪录。印度23岁的心理学研究生马哈迪万，用3小时39分钟背诵出31810个电脑数据。

世上最小接生婆

美国有一个最年轻的接生女，她只有4岁，就帮母亲接生了一对孪生男儿出世。

这名年仅4岁的接生女叫杰美白朗，虽然还只是个娃娃，但她却十分机灵，可能是电视里的分娩镜头看得太多的缘故，在母亲送院途中阵痛异常剧烈时，这个小娃娃居然表现得如同专业助产护士，大声叫母亲"用力"。

产妇白朗太太在比预产期早17天的一天晚上作动，而白朗家离最近的一所医院也有15千米。白朗先生带着妻子和女儿，立即坐上汽车向高速公路飞奔。

在高速公路上，白朗太太的阵痛却越来越厉害了，不到医院时，便开始分娩。小女儿杰美立即绞手巾放在

母亲头上，同时还安慰母亲说："没事的，不会痛很久的！"在婴儿要出来时，她又大声叫着母亲，要她呼吸和用力。就这样，第一个婴儿降临人世！接着不久，第二个婴儿又出世了。

白朗太太事后说："这对孪生男儿长大后，一定要好好报答接他们到人间来的这个亲姐姐。"

假死50年的女人

1866年，美国有一个叫玛丽·弗兰卡的女人，陷入一种睡眠状态，体温与死人差不多，有几次还停止了呼吸。9年中，她只吃了相当于普通人两天的饭。可是，当她从睡眠状态中醒来时，却可以在黑暗中辨别颜色。

世界上最微型的人

据英国《每日邮报》报道，印度女孩乔蒂·阿姆奇是世界上身材最小的人，现年15岁的她，身高仅有58厘米，体重5.4千克。正是她的迷你身材使她成为印度家乡那格浦尔市的"小名人"。

阿姆奇虽然15岁了，但是她的身高却只有两岁侄子的一半，她说："当我告诉人们我的真实年龄时，他们都不会相信。"

乔蒂·阿姆奇和她的同学

阿姆奇说："当我到3岁时，我才意识到自己与其他的孩子不一样，我看到其他的同龄孩子长得都很高，认为自己也应该会长高，但事实证明我从出生就注定与众不同。"她有自己的迷你灰色校服和小型书包，甚至在课堂上有微型课桌，在其他同学的眼里阿姆奇就像一个漂亮的"玩偶"。阿姆奇称，她对自己的微型身材感到自豪，她喜欢被人们关注的感觉。我并不害怕自己的身材不再增长，也不会对自己成为"微型人"而感到懊悔。同时，她的生活与正常人一样，她和他们每天吃着一样的食物，做着相同的梦，每天的生活并没有什么不同。

尽管阿姆奇主张过正常人的生活，但难免生活中会出现一些小插曲，比如：人们会向她投以惊奇的目光，有时还得应对学校里那些无聊顽皮的学生。她说："过去我曾感到生

活很有压力，不敢外出，但现在我喜欢外出，而且喜欢和其他人在一起说话。最初当我去学校时，我看到他们的身材都很高大，通常会感到有些恐慌，但现在不会再有这种感觉了。目前在学校里我有特制的椅子和课桌，我是一个正常的学生。"

当地人们都时常到阿姆奇家中看望她，有些人甚至将她当作女神化身。阿姆奇的梦想是成为印度宝莱坞的演员，她说："我非常喜欢拍电影，我也喜欢到伦敦旅游，去看一看其他国家和地区的美丽风景。我也希望能够去美国，目前我希望成长后能够在孟买宝莱坞的影视圈工作。"

阿姆奇得到了她的哥哥和两个姐姐很大的支持，今年25岁的大姐阿卡娜说："自从她刚出生我就和母亲照顾她，她非常柔弱纤小。每天早上我将送她上学，到了晚上我辅导她完成功课作业。"在5岁时，阿姆奇时常由于身体不舒服频繁出入医院，但最终她还是顽强地渡过了难关。

今年52岁的父亲基夏是一位建筑工人，他说："她是我的骄傲！许多享有声望的教徒和精神领袖都来到家中看望她，并对她寄予美好的愿望。他们祈祷她一生健康长寿。"

医生认为阿姆奇是一位脑垂体侏儒症患者，但很难查出导致她身材矮小的准确原因。她的妈妈在接受记者采访时说："没有人知道她为什么会

长得如此矮小，我们曾咨询过医疗专家，他们说阿姆奇将永远保持这一身高，不可能再增长了。虽然她的身材很矮，但她是一个漂亮的女孩，我们都非常喜欢她！"

阿姆奇的学习不错，而且她的生活也与其他女孩子一样，她说："我非常喜欢收集一些漂亮的衣服，我时常去商店里挑选更多的衣服。我还喜欢化妆，将自己打扮得像一个漂亮的女模特，我现在过着健康正常的生活，并且我非常快乐！"

口含活毒蝎的女人

据台湾《中国时报》报道，泰国"蝎后"坎查纳缔造了一项新的世界纪录，将一只近 18 厘米长的活毒蝎放入口中超过 2 分钟。

口含活毒蝎的坎查纳

39 岁的坎查纳在泰国芭达雅市一家购物商场的观众前表演缔造了新纪录。芭达雅市位于暹罗湾，以夜生活和夜店闻名。

她把这只毒蝎含在口中长达 2 分零 3 秒，然后将它吐出来。与此同时，身穿白色洋装，戴着手套的坎查纳全身也爬满了这种会螫人的毒物。

坎查纳随后对她的第二项世界纪录展开挑战，她进入一间玻璃屋内，准备与 5000 只蝎子共处 33 个昼夜，打破她个人在 2002 年所创下的 32 天纪录。

另外，2006 年，坎查纳与泰国的"蜈蚣王"结婚，曾轰动一时。

世界上最长寿的人

在乌兹别克斯坦 2008 年进行的一次全国范围内的百岁以上老人普查中，当地官员发现了 1880 年 7 月 1 日出生的女寿星尤苏波娃，今年 128 岁。这一发现，竟使人类长寿岁数一下子延长了 13 年！

在这次发现之前，全世界现存最长寿的老人，是美国加利福尼亚州 114 岁的黑人妇女格特鲁德·贝恩斯。另据资料，2008 年 1 月 2 日去世的葡萄牙妇女玛丽亚·德热苏斯，则活了 115 岁。

由此，"世界最长寿的人"的纪录被再次刷新。由此感叹：神秘的大千世界，竟还有多少未知等待着我们去发现！

自制原子弹的少年

居住在澳大利亚悉尼市的 15 岁少年佐雷·安德鲁是个电脑迷。他通过电脑互联网络，得到了自制原子弹的资料，并悄悄地在卧室内试制原子弹。如果不是及时发觉和制止，这位少年的计划可能成功，其后果将不堪设想。有关专家分析认定，佐雷所设计的原子弹，其威力可毁灭他现在居住的整个城市。目前当局已没收了这个长 30 厘米、直径约 9 厘米，只缺铀就可完成的自制原子弹。佐雷告诉警方，他曾通过互联网络与布拉格有关人员接触，希望获得从该国偷运出国的铀，但最终没有成功。

8 岁当联合国代表

加拿大一个二年级的小学生艾米·米尔恩，要求她的邻居每星期二下午将垃圾用袋子装好，堆放在自己家的门口，由她和母亲一起将这些垃圾收集起来，送到附近的垃圾箱中，艾米希望世界各地的小朋友都能为保护环境去做类似的事情。1990 年 4 月，8 岁的艾米作为联合国儿童代表，应邀出席了"世界地球日"庆祝大会。

右眼分泌丝线的人

在马来西亚北部霹雳州怡保，有一名 10 岁的 4 年级学生，右眼下部不断分泌出五颜六色的丝线。

病童右眼下部隆起，有一小团状物每隔一段时间就分泌出一条红、绿、黄、白、黑、蓝、青等各色相间的丝线，每条长约 8 ~ 10 厘米，可卷成球状。医院已收集了 4 小瓶这种线团。

医院院长黄美仪说，她行医多年，从未见过这种怪现象。但她认为肯定不是眼疾并发症，需要进一步观察和诊断，才可能揭开这个谜。

因遭劫而复明的人

巴黎郊区，3 个手持木棍的劫匪，把盲人罗杰踢翻在地，要他交出钱包。当罗杰稍迟疑时，劫匪的棍棒犹如雨下，狠狠地打在他的头上。

劫匪逃走后，一个街坊发现罗杰倒卧在街边的血泊中，立即把罗杰送进医院，并给他清洗眼、耳、口、鼻的血迹。这时，罗杰却笑嘻嘻地大叫起来说："我能看见了，我能看见东西了!"原来，他的眼睛复明了。

据医生分析，罗杰遇劫时，头部受到劫匪的打击，必是震松某些造成他失明的阻塞物，故而能够重见光明。

拍照不留影的女人

阿尔及利亚首都以东的提济乌祖省有一位名叫哈利马·巴德科弗的妇女身上有一种独特的特性，尽管摄影师作了许多尝试，但无法拍摄到她的照片。

这位妇人70岁，她所有的证件上没有一张照片，当有人给她拍照时，她会昏厥过去。每次拍照后，冲出来的底片上只留下一块黑迹。当她与其他人一起照相时，冲洗出来的照片上，唯独没有她。

习性奇异的小矮人

在非洲中部扎伊尔一带丛林中生活着与野兽无异的俾格米人，他们的肤色是深棕色，头发垂直，不如黑人卷曲，身体最高的不超过一米四。

他们在非洲森林里，与人世隔绝，与野兽斗争求存，濒临绝种，迄今剩下的俾格米人不多，数字无法统计，探险家推测约万人。

俾格米人唯一比野兽高明之处，是懂得从蛇中取毒液，然后将毒液放在箭头，射杀野兽。他们有火种，但习惯生食，兽类的肉与活生生的昆虫也放入口，吞进肚里。捉大象就用陷阱，吃象的方法就在象身挖一个洞，把头伸进象肚里，挖吃内脏。因为大象是庞然大物，一旦失足堕落陷阱被擒，俾格米人就用矛与箭，将象杀死，视为一项大胜利，唱歌跳舞庆祝。

非洲炎热，没有冬天，俾格米人上身赤裸，腰间围上树叶或兽皮。他们的家产是弓箭、矛枪、刀、貂皮等物，这些他们一般随身携带。他们搭草棚而居，遮风挡雨，但为觅食随时迁徙。

他们过群体生活，一百几十人为一组，每组推选一人为领袖，由他指挥狩猎，与邻人作战。此推举领袖制度犹如文明社会民主选举。

他们实行一夫一妻制，男子向女方亲属送礼，即如我们付礼金，他们的礼物是新弓、箭头、毒液、刀、矛等物，这些礼品是他们求生所需，就像我们的金钱。但俾格米女子以嫁给勇敢猎人为荣。

她们也像文明社会妇女一样，喜欢化妆，只不过方式和审美眼光不同而已。她们脸上不擦脂抹粉，而绘上花纹，嘴唇刺穿一孔，插上一株芦苇或其他野草，颈上挂一串用兽骨造成的珠链。

他们将牙齿磨齐，使之锋利，有助撕噬兽肉，日久成为习俗，锉牙也是一种美容。

他们在打猎收获大或在婚嫁喜庆时，成群结队，载歌载舞，他们是快乐的小矮人。

体内散发幽香的人

我国历史上曾有一些女性因体内有幽香，而得到帝王之宠。

西施是我国有名的美女，她的身上因能散发香气，所以被越国大夫范蠡选中，送给吴王夫差，施展美人计。吴王特意为西施修建了香水溪、采香径、百花洲、玩花池、碧井泉、馆娃宫等，还每天在芬芳馥郁的气氛中与西施玩乐。

我国唐朝玄宗皇帝，开元二十八年行幸温泉宫，遇一美姬，香气袭人，玄宗为之倾倒，占为己有，封为贵妃。此人便是杨贵妃。

体发幽香的香妃

玄宗特意为杨贵妃修了一个浴池，装上香水，供贵妃洗浴。贵妃患有多汗症，出的汗可湿透香帕。玄宗感到她的汗都是香的，还为她修了一座沉香亭。

香妃是清朝高宗乾隆皇帝攻略西域时，作为战利品带回北京的。香妃是新疆喀什人，因为体有奇香，一下子就迷住了乾隆帝，被封为容妃，恩宠不衰，在皇宫中度过了 28 个春秋。有人认为，香妃身上的香气，可能是她生于西域，吃牛羊肉较多，皮下脂肪分泌出一种特异气味。

有些动物能散发放出某种特殊的香味，借以吸引异性，或与同类进行联系。其中最典型的是麝，雄麝腹部有一腺体能分泌出麝香，储存于一个囊中。其他如灵猫也有类似的功能。

作为万物之灵的人类，是否也会有这种功能呢？不得而知。

能作彩画的盲画家

据美国媒体报道，土耳其首都安卡拉市年过半百的男子艾斯莱夫·阿马甘天生失明，但令人匪夷所思的是，虽然他一辈子都生活在黑暗世界中，但他却能够画出栩栩如生、立体感十足的精美彩色画！

艾斯莱夫·阿马甘是土耳其首都安卡拉市的一名画家，阿马甘平时经常画一些五彩缤纷的房子、风车、树木、鲜花、游船、飞鸟和蝴蝶，但令人难以想象的是，阿马甘生来就是一名盲人，他从出生起就从未见过阳

盲人画家阿马甘

光、树木、高山或鲜花，没有见过人世间的任何东西，但他却能用彩笔画出一幅幅栩栩如生、立体感十足的彩色画！

据悉，阿马甘完全是靠自己发明了一套独特的绘画技巧的，此前从来没有人教过他该如何画画。据阿马甘称，由于家境贫穷，他从未受过正式的学校教育。然而，他小时候就喜欢用铅笔在纸上涂画，到他18岁时，他开始用手指沾着油漆在纸上或帆布上作画，而现在，他更爱用速干的丙烯酸颜料绘画。阿马甘画画时要使用一个特制的橡胶板，这个设备可以帮阿马甘用指尖感受到他绘下的每一笔线条。当阿马甘画画时，他的一只手握着铅笔，而另一只手则在画布上跟踪着铅笔绘过的线条，第二只手就好像是他的"代理眼睛"一样。

生新牙的九旬老翁

四川成都西河镇90岁的张子云

老人的牙齿本已掉光，但今年以来，他竟然重新长出了10余颗新牙。

据了解，张大爷是一位裁缝，工作到80多岁才退休。他年轻时"黄皮寡瘦"，最近几年脸色却越发红润。张大爷的老伴对此解释道，张大爷瞌睡好，喜欢睡懒觉，每天上午10时过才起床，下午3时才吃午饭。张大爷说："自从新牙长出来后，吃什么都香。"

张大爷张开嘴，可以看到隐隐有些白色。"这就是新牙，时长时停，现在还没成型。"张大爷说，包括还未"露出头"的新牙在内，他的嘴里已经长了约16颗新牙了，"最先长出的是大牙，现在门牙已经快冒出来了。"

张大爷还称，他的养生秘诀是多吃素、多睡觉，他要努力活到100岁。

医生听说张大爷"发牙"的奇事后，表示难以置信："如果此事属实，那么连医学教科书也得修改。"并表示，从理论上讲，人一生只有两套牙齿，一套乳牙，一套恒牙，他欢迎张大爷到医院接受检查，"通过X光片，可以核实大爷嘴里长出的究竟是什么东西。"

双脚不敢着地的人

美国加利福尼亚州的蒙培镇，有

一位叫格利斯的人，单腿站着就很快入睡，醒来后，也从不往椅子上坐。从早到晚，他总是一只脚蹦着走路，休息时是单脚站着，累了由另一只脚来替换。更有趣的是，他的职业是舞蹈演员，而他善跳独脚舞。格利斯说："当我双脚站立时，头就痛，身体有飘飘然的感觉。如果坐下或躺倒，就要昏过去，所以，还是单脚站着舒服得多。"

能指挥蝉下树的人

河南省夏邑县王集乡孙庄村有位青年农民叫孙民侠，能把正在树上鸣叫的蝉引下来，爬到他的手中或嘴里，任他捉捕。乍一听，似乎是痴人说梦，然而这是千真万确的事实。

1981年7月17日上午，骄阳当空，热气蒸人。孙民侠当着中央新闻电影制片厂和河南省电视台摄影记者的面，进行了一次指挥蝉下树的实际表演。只见他向村边一棵柳树走去，眼睛朝树上查寻了一会儿，发现一只蝉正趴在一根光滑的树枝上，用尖高单纯的嗓门唱着歌。孙民侠走到离树两三米的地方，往右跨出一步，向蝉打了个手势，说了句话，算是和蝉接上了信号。那只高唱枝头的蝉便戛然而止，开始按着他的指挥迅速下退。在下退的过程中，他见蝉尾往外连翘几下，知道蝉爬累了，就令蝉停步休

息。蝉立刻停住，伏在树干上不动。片刻之后，又令蝉继续下退。由于观察人员的走动和说话对蝉的干扰很大，蝉从左向右磨到树干的另一侧去了，人们看不到它的身影了。这时，孙民侠将自己身子移到和蝉相反的方向，视线又从树上转到树下。这么一来，蝉又很快回到原来下退的路上继续下退。当蝉退到和人的胸部平行的时候，孙民侠左手拇指微屈，其他四指合成半月形，虎口朝上，贴住树身。他说了一句话，蝉就乖乖地退到他的手心里，任他擒获。

孙民侠不但能指挥一只蝉，而且还能同时指挥三只蝉下树。在下退过程中，孙民侠命三只都停止下退，它们便会一齐停下来。他也能叫其中两只停止，另一只继续下退。总之，不管怎么命令，蝉都会照办不误。

孙民侠为什么能指挥蝉下树，至今还是个尚待揭开的谜。

匪夷所思的"睡翁"

在四川内江市中区交通乡红星村5组，有一位年逾古稀、被人称为"睡翁"的老人。老人叫李志明，30多年来，老人一睡几个月不醒，一醒又可数月不睡的特殊睡觉方式，不仅让周围群众啧啧称奇，更是引来了不少"慕名"而来的探秘者。

老人出生于1936年，年轻时身

体并无异常，每天睡觉六七个小时。但到了1972年，当时在内江史家印染厂当工人的他，睡眠出现了异常，瞌睡越来越多，一天睡八九个小时都

"睡翁"李志明

不够。随着时间的推移，症状进一步加重。1981年，45岁的李志明提前退休。回到乡下，情况更加糟糕，由先前的瞌睡多转变成了睡一觉一两个月，不睡时，又可一两个月清醒。其中，最严重的一次发生在1989年，除了起床吃饭、上厕所外，他一口气睡了差不多半年，接下来又连续三四个月没有睡觉。老人独特的睡觉方式，让人困惑。

据他的老伴黄凤仙介绍，李志明的症状刚出现时，家人还非常担心，四处寻医问药，但都没有收到效果。随后，家人又发现，李志明特殊的睡眠方式并没有影响健康，"老人的身体好得很，连感冒都不轻易犯"，时间一长，家人也就习惯了。

她说，丈夫一睡几个月时，她就

会把饭菜做好，李志明饿了就会起床吃饭，等吃好喝好后，李志明又继续埋头大睡。而长时间睡不着时，李志明就会四处闲逛，足迹遍及内江各个乡镇，白天夜晚，行走不止。他曾从内江步行到峨眉，连续走了5天5夜。

对于老人的这种情况，孙女王利君认为：爷爷的这种情况，或许和情绪相关。"爷爷精神受到刺激时就会睡不着，每年春节前后，家人团聚，爷爷就会因为兴奋长时间不睡觉。"

神经内科医生说，大脑功能紊乱，睡眠、觉醒周期失调都可能导致类似情况发生，但情况如此严重的，则从未见过。

被谋杀了31次的人

在美国的犯罪史上，曾经出现过一个奇人，他被人用种种方法，企图杀害达31次之多，不可思议的是每次他都能够逃过大难，直至第31次，才终于一命呜呼。

事情发生在1933年的纽约市。这个奇人是一个无家可归的60岁醉汉，名叫马莱。当时，美国正处于禁酒时代，马莱终日流连于一家由意大利人开设的地下酒吧中，每每喝得酩酊大醉。开设酒吧的是一班帮会人物，他们见马莱是个糊涂蛋，便决意在他身上打主意。于是由酒吧主人马

里奥为首的四个人，特地为马莱买了3500美元的人身保险（在当时来说是一个相当可观的数目），然后计划杀死马莱，使他像是死于意外，以便领取这笔保险金。

他们所采用的方法，极尽凶残毒辣之能事。但是，令人惊奇的是：这个醉汉竟然挨过了30次任何人都会丧生的谋杀。

第一次谋杀，是向马莱无限制地供应烈酒，希望他因饮酒过度烂醉而死。但是想不到马莱的酒量惊人，他一次又一次烂醉如泥之后，第二天竟然又精神奕奕，再度回酒吧喝酒。

第二次，他们在酒精中混入汽车水箱的防冻剂，这种防冻剂有剧毒。马莱饮后果然倒地不起。正当凶徒们以为得手时，马莱却悠然醒转，安好如初。以后接连一个星期，马莱连连饮下大量含防冻剂的毒酒，仍旧安然无恙。凶徒于是改用杀老鼠药和松节油来谋害他，但仍奈何他不得。

一连串毒计不逞，凶徒便干脆在马莱一次大醉之后，把他的衣服剥光，将他抛弃在雪地之上。当时的气温，是零下14度，凶徒以为他必冻死无疑。但第二天，马莱又摇摇晃晃回到酒吧，说他患了伤风。

一不做，二不休，凶徒又把马莱灌醉，然后把他载到郊外，用车子在他身上辗过，弃在路边。不料两星期之后，马莱又再出现，对那批谋杀者

说他因脑震荡和肩骨破裂，在医院里呆了两星期。这可把凶徒们恨得牙痒痒的。

此后凶徒们一再设法杀害马莱，但总是不成功。最后，他们把马莱灌个烂醉，将一条胶管塞入他的气管之内，把煤气灌入他的肺中。这一次，马莱终于难逃劫数，死于煤气中毒。

后来该批凶徒因"口疏"，被警方查知真相，全部被判坐电椅极刑。但马莱已创造了"大难不死"的历史纪录。

颈项可转180°的人

在英国，有一个名叫马湛·罗勒的中年男子，他的颈项可以随意作左右180°的转动，软若无骨。一次，马湛·罗勒去看电影，坐在他后面的人将膝盖顶在他座椅的背上，不停地摇晃。他忍无可忍，一气之下，陡地把头作了180°的转动，瞪眼怒视对方，对方吓得差点昏过去。

地球上最强壮的女孩

乌克兰小姑娘瓦娅·阿库罗娃现年14岁，来自乌克兰煤矿小城克里沃·罗格镇的一个矿工家庭。目前瓦娅身高仅1.5米，体重为52千克。但令人难以置信的是，她竟然可以举起305千克的重量，并两次打破吉尼

地球上最强壮的女孩瓦娅

斯世界纪录，成为"地球上最强壮的女孩"。

有固氮功能的土著人

生活在新几亚内亚贫瘠山区的一些土著居民，他们的饮食结构十分简单，一个人每天只吃一些山芋、蔬菜，至多再加上一点点豆类和花生。但生活在这个贫穷山区的土著居民，并不像人们想象的那样憔悴，骨瘦如柴，恰恰相反，在这些土著居民中，无论男女老幼，个个都十分健壮，没有任何营养不良的症状。

科学家对这种情况大惑不解，于是，决定对这些土著居民进行周密和细致的检查。结果在这些土著居民的粪便中，发现氮元素的含量竟然远远超过他们进食的含氮量。后来，科学家在这些土著居民的肠道里找到了固氮菌，正是这些固氮菌默默地在这些土著居民的人体内吸收和固定空气中的氮元素，继而合成了人体必需的蛋白质。

身具四国国籍的女婴

一名法国妇女与一个委内瑞拉男子成婚后，在一次旅行途中生下一个女婴。按照法国和委内瑞拉"以出生地血统取得国籍"的法律规定，他们所生的子女，即具有这两个国家的国籍。但凑巧的是，他们的女儿是在一架墨西哥航空公司的飞机上出生的，按照墨西哥的国籍规定凡是在本国飞机或船舶上出生的婴儿，均算作墨西哥人。这样一来，这个女婴就有了第三国籍。更为有趣的是，女婴出生之时，这架飞机正好在英国境内飞行，按照英国国籍法规定，"凡在英国及其殖民地出生的人，都是英国国民"，由此，这个女婴一出生就身具四个国家的国籍了。

以捕捉闪电为生的人

在世界上数以万计的摄影家中，美国的华伦可谓是相当独特的一位。他是一位专门捕捉雷霆闪电镜头的行家高手。有人说，他捕捉闪电的目光比闪电还快，此言确实不假。每年4～11月，即在美国暴风雨的季节中，华伦和他的助手便忙于四野奔走，寻找、等待和捕捉暴风雨中的闪电。随着华伦手中高速相机快门的按动，许多惊心动魄又壮丽夺目的闪电被镜头捕捉住，这宇宙间最灿烂的一瞬的光和电的搏斗镜头，被洗录成彩色照片后，每一幅都是独特意境的艺术品，它们对观赏者心灵的震颤和艺术上的感染十分强烈，故每幅售价不菲，其作品的专利权每年为华伦赚得6位数字的厚酬。当然，这样的报酬有时是要冒着生命危险得来的，因为在昏天黑地的暴风雨中睁大眼睛寻找连接天地间的闪电，这需要勇敢、机警，更何况，华伦还曾有许多次在龙卷风中死里逃生的可怕经历呢。

不用眼睛看东西的人

蒙上眼睛后却能行走自如，这恐怕不是一件容易的事，而世上确实存在具有这种特异功能的人。一个叫巴克斯的男人骑一脚踏车进入车水马龙的纽约市，轻松地穿越热闹的时代广场后停下来，引来许多人的围观。因为他全程一直蒙着眼睛。

巴克斯的这种特异功能在20世纪三四十年代盛名一时，不过，世界上还有其他人具有这种功能。

1893年，有人发现失明的范契尔能用指尖"看"普通的印刷书籍。同年，在意大利还发现了一个能用左耳垂和鼻尖"看"东西的14岁盲女。神经病专家布罗梭医生在为她看病时，想用铅笔戳她的鼻子，她立刻闪开，并且嚷道："你想戳瞎我吗？"

1960年，美国弗吉尼亚州艾勒森镇14岁女童傅丝也有此异能，曾经由专家详加测验。她紧紧蒙住两眼，仍能阅读随意选出的文字，识别颜色及物体，甚至与人下棋。

1963年，前苏联医学研究人员报道了库力休娃的特异功能。库力休娃蒙住眼睛，在几项严格控制的实验中，用指尖和手肘"看"报和乐谱。

纽约市哥伦比亚大学心理学尤慈博士通过进一步研究断定，库力休娃和其他具有相同特异功能的人，对不同颜色所吸收的热量极其敏感。

他们可以不靠眼睛阅读，是因为黑色油墨吸收的热量较多，其温度要比周围易于反射热量的白纸高。

这个说法虽然可以解释有人能用指尖或手肘"看"东西的原因，却不能解释巴克斯、傅丝等人为何不用接触就能"看"东西。

非眼视觉的情况确实存在，但它的成因仍是一个解不开的谜。

晒太阳自燃成灰的人

前西德一名女青年杰达和她的好友凯瑟琳在海滩晒太阳，一小时后，凯瑟琳觉得热得受不了，于是走到树荫下休息。

这时杰达仍然坐在沙滩上不动，

大约三四小时后，灼热的加勒比太阳晒得她身上起了水泡，但她仍不听凯瑟琳的劝告，不愿到树荫下凉快一会。不久，凯瑟琳突然闻到一股焦味，再细看杰达时，一股烟从杰达口中冒了出来，凯瑟琳急忙去拉她的手，但她的皮肤已到了烫手的地步。杰达开始呻吟，然后便浑身起火燃烧，所有这一切仅发生在短暂的一瞬间。

空难中诞生的三胞胎

委内瑞拉的罗埃利奥·爱斯卡帕尔的妻子帕帕拉再有三个星期就要生孩子了，他俩决定回帕帕拉娘家秘鲁的利马。这一天，他们乘坐一架单螺旋桨小飞机向利马飞去。突然，天气变化，强烈的气流迫使飞机急剧下降，撞在地上，帕帕拉被震昏了。不久，全身剧烈的疼痛将她惊醒，发现右臂骨折了。这时，她感到自己的小腹像刀扎似的剧痛。她明白，阵痛开始了，她想请坐在前座的丈夫帮助，才发现丈夫和驾驶员都离开了人世。她只好一边回忆着孕妇学习班里学到的知识，一边解下丈夫和驾驶员的衣服，又把座位下的棉花、毛毯和急救箱拿到身边。

不久，第一个婴儿出来了，这是个女孩子。帕帕拉剪断脐带，用亡夫的衬衣裹住婴儿，跑出了机舱。

"轰"的一声，飞机的顶部带着火焰掉了下来。她瘫倒在地上，五分钟后，第二个婴儿也出了母体，又过了三分钟，第三个婴儿出世了。此后，母子四人在荒野、丛林中度过了7天。帕帕拉依靠飞机上的80公升水，采野果、树皮充饥，直到最后见到了救援队。

会开飞机的九岁女孩

居住在美国圣迭戈的9岁女孩雷切尔·卡特最近在她父亲的陪同下驾驶一架单引擎飞机，从一边海岸飞到另一边海岸。她的这一飞行打破了宾夕法尼亚州的12岁儿童维基·范·米特保持的纪录，已被载入《吉尼斯世界纪录大全》一书中，成为全世界最小的飞行员。

世界最胖的"半吨人"

自前世界最胖男子43岁的墨西哥人曼努埃尔·乌里韦成功减肥200多千克后，世界最胖男子的头衔就落到了英国48岁（2009年）男子保罗·马森的头上。马森的体重高达445千克，被称作"半吨人"。

马森患有一种"强迫进食紊乱症"，由于对食物上瘾，饮食无度，他的身体就像气球一样不断膨胀。他每天的食量相当于普通成人的8倍。

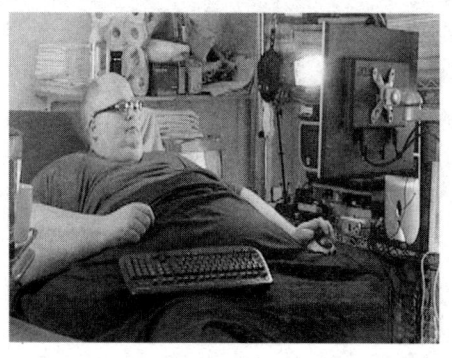

世界最胖的"半吨人"

马森的嘴始终在不停地吃东西，每天晚上他都要干掉3个家庭餐，摄入的热量高达2万卡路里（而一个正常人的摄入量约为2500卡路里）。

起床对于马森来说是一件很困难的事情，他的行动完全依赖于一个特大号的轮椅。照顾他每年需要花费英国纳税人10万英镑。

脚趾"吐"出彩色晶石

马来西亚一名23岁女子西蒂脚趾甲下会长出一颗颗五颜六色的晶石，事件曝光后她迅速成为公众焦点，医生啧啧称奇。

许多人知道她以后，纷纷登门造访，有人出价购买她的晶石，她的母亲说："人们只是想知道晶石怎样从我女儿的脚趾长出来，我们不是为了出名，我们只想有人研究，医治我的女儿。"

西蒂的母亲说，女儿脚趾甲下的

皮肤会裂开，吐出晶石之后自动闭合。西蒂"吐"出的晶石色彩缤纷，状似水晶。首次排石时排出的是一颗白色、看似珊瑚的小晶石，后来数天只排出两颗弹珠般大的晶石，分别是绿色和珍珠色。

西蒂称在排石前10分钟，会出现呕吐和牙痛的症状，"那时我没有想到痛楚，只是想晶石快点出来"，她说晶石偶尔会在她睡觉时排出，部分较大的晶石更要挖出来。

沙丁医生表示西蒂的情况很罕见，也不认同有人指她是患了痛风症。国际医药大学人类生物系副教授贾德森形容西蒂的异能"在生物学上是不可能"，"脚趾能长出骨，但骨不会这样掉出来。人体会长出石块，如肾脏和胆囊的钙石，有时胆结石吸收了胆囊的颜色后，看起来似钻石和宝石……但脚趾长出石块听来犹如传说"。

因笑话而起死回生的人

英国少年法兰在一次交通事故中，被电车撞飞10米外坠下，立时昏迷不醒，不论医生如何努力，法兰仍然毫无反应。法兰的一位同学知道法兰最爱听笑话，便用录音带录下法兰最爱听的笑话，不停地在他耳边播放，当声音发出"什么绿色毛茸茸而又会上上下下"时，病床上的法兰忽然跳起来，说："是一颗电梯中的醋栗"，还转身向床边的父母和朋友打招呼，母亲喜极而泣之余，不禁多谢上苍，赐给法兰一帮好朋友。

8 天之内连生 3 子的人

沙特阿拉伯一名 22 岁孕妇，在瓜熟蒂落时，居然在 8 天之内，共生下 3 个婴孩。沙特阿拉伯产科界权威人士说，这名一胎三婴孕妇，在 8 天之内生下 3 个婴儿，就妇科学及产科学而言，是史无前例实属罕见的。产妇先诞生下一名重 740 克的女婴，过了 8 天又产下该女婴的孪生弟弟，分别重 1.075 千克和 1.175 千克。

腹内传出流行曲的学生

美国 15 岁学生耶利米在课堂上课时，偷偷收听音乐，当老师利米斯通正怀疑他有点不对劲之时，耶利米竟把收音机放进嘴里并吞掉它。老师将他送到校长室，其后又把他送入医院。

医生起初认为收音机在耶利米的衣服内，但 X 光照片清楚显示收音机在他体内，而且能听到体内收音机传出的流行曲。

具有奇特心灵感应的人

世界上著名的逃脱专家侯蒂尼可以被关在一个上几道锁的铁箱里，放在冰窟窿之中后神奇般地脱险，而且无人知道其奥秘。但有一条，他在水中的箱子里时，如果在几分钟内没有出来，就会发生危险。有一次表演中几分钟过去了，观众们认为侯蒂尼的这次表演注定失败了。但他的一位好友坚信他一定会从冰窟窿中爬上来，他绝不会死去。果然，被冻得半死的侯蒂尼艰难地爬了上来。他一苏醒过来，便告诉好友：铁箱子入水后，没想到顺水而下了。等他从铁箱子中出来，却找不到原来的冰窟窿了。在危难之中，他突然听见了母亲在呼唤他，于是他顺着母亲的声音又游到了原来的冰窟窿处才脱离危险。

令人不解的是，侯蒂尼的母亲当时住在另一个城市里，对侯蒂尼的举动是看不见的。而且更令人不可思议的是，当侯蒂尼脱险后向母亲打电话报喜时，有人告诉他说，他的母亲已在几小时之前离开了人间。那时，侯蒂尼的表演还没开始呢！是什么原因能使一个母亲在逝世前预测到儿子的大难临头呢？又是什么原因能使一个母亲在死后为儿子引导求生之路？但有一点是任何一个人都无法否定的事实：母亲的爱是最伟大的，最有力的！

这个事例实际上就是母子之间的心灵感应。

在 100 多年之前，人类之间所蕴

含的心灵感应现象就已引起了科学家的注意。

1882年，美国芝加哥大学的物理学家洛斯冒天下之大不韪，创办了一个"神灵学研究会"，专门从事一些令人难以捉摸的"荒诞"事的研究。他的研究当时被学者们认为是蛊惑人心的巫术，而受到猛烈的围攻。

洛斯把他精心收集的一些事例，记录在《神灵学会会志》一书之中。

有一次，洛斯把两名具有心灵感应的妇女迈尔丝和兰希琼，分别安排在相隔100多千米的两个城镇，使她们没有任何联系，然后让她们进行传感接收。迈尔丝在尉尔特市拍下一张纺织厂的外景照片并默记下来，用她的"心灵感应"把纺织厂的形象传给在苏格兰的兰希琼。

兰希琼从来没到过尉尔特，但在她接收了迈尔丝的"传感"之后说："那边有一瀑布，似人工所造，广而平，高约二三米，也可能是工厂排出的污水。还有栋房屋，旁边有一棵白杨树。"随手画出了一张草图，这张图与纺织厂外景相片相差不远，而她所说的景色，与相片中几乎完全一样。

另外还有一件事也说明人能传感。一位有传感能力的人在自己脑海中想到一本小说的一段情节：灯塔内有一个男人倒在地上，一个妇人正俯视他时，发现他已死亡。

另外一位心灵感应者在一间密室中，两个人互不相识，在密室中他接收到了前者的传感，并且说："我知道他在想什么，这是个恐怖的场面。在一个圆塔内，有一男一女，女的已看见男的死了。这是书中的情节，我曾经看过这本书。"

当时在场的10多位学者都感到惊诧，他们要再作一次试验，以求这个测验的准确性。

传感者在默想：两个儿童在火车站台上奔跑着，欲登上将开动的火车。不久，密室中的接收者便对学者们说："这与火车站有关，两个孩子在人群中奔跑，我想与巴锡尔车站有关。"

完全正确！传感者正在巴锡尔，他想象中的车站是巴锡尔车站。

具有神奇感应能力的双胞胎

人的心灵感应就如古诗中所说："心有灵犀一点通。"而这种现象在双胞胎之间显得更强烈一些。

现今世界上每诞生 96 个婴儿，就有一对是双胞胎；每诞生 400 个婴儿，就有一对是同卵双胞胎。同卵双胞胎是同一个受精卵分裂发育而成，他们有着完全相同的基因，就是说，他们按照同样的基因图纸发育而成。他们绝大部分是同一性别，面容酷似，爱好、成就、行为方式也十分相似。

同卵双胞胎儿之间的信息感应现象至今令人难解。美国有对叫吉娜和吉尼的同卵双生女，姐姐吉娜有一次患阑尾炎，吉尼陪着姐姐去医院动手术。姐姐被抬进了手术室，妹妹在门口等候，约过了半个小时，吉尼感到肚子仿佛被刀割破了，她疼得脸色发白。与此同时，医生们正在给吉娜动手术，她在麻醉手术台上痛得大叫。在同一个时间里，在同一个部位，手术室内外的姐妹俩有着相同的反应，研究人员指出：同卵双生子还常常在相似的时刻和相似的部位生相同的病。有一对从小分离的双生子，哥哥在城市里长大，弟弟在乡下长大。17 岁的时候，哥哥的肺患了结核，乡下的弟弟也同样生了此病。

那么，同卵双胞胎为什么会有感应现象呢？信息是怎样在两个大脑之间传递的呢？双胞胎的同步生病现象又是怎么发生的呢？这些都是科学家们感兴趣而又正在探索的难题。

双头妇女为堕胎上法庭

一名双头妇女（一个身子两个脑袋）因怀孕而闹上法庭，原来，她的其中一个头想堕胎，另一个头则要把孩子生下来。

这宗罕见的官司发生在尼日利亚的贝宁市，基于人权问题，法院拒绝透露诉讼人的姓名。

法律界人士说，问题在于这名 26 岁的妇女的两个脑袋有着独立的思想和感受，在法律上是两个不同的人。

代表要求堕胎一方的律师说："我的当事人绝对有权堕胎，因为她的身体与胎儿的父亲发生性行为时，她并不愿意也不同意，但与她共一个身体的姐妹（另一头），爱上了该男人，在思想斗争中败下阵来后，她只得被强奸。"但是代表保留胎儿一方的律师说："任何女性均有权与她喜爱的男性相爱，并生儿育女。这两个脑袋的意愿分歧，是天生的悲剧，不应祸及无辜的胎儿。"

走遍世界的 85 岁老人

奥地利格拉茨市的退休老人约瑟夫·沃尔夫从 1971 年便开始不知疲倦地游览远离家乡的土地和城市。促使他这样做的原因听来令人伤感：那是由于老伴的去世。当时，沃尔夫简直不知道如何打发时光。苦闷中，他思来想去，决定出门走走。

每次出门前，沃尔夫所做的准备工作极为周密：他询问那里的天气，使用的货币……还包括风土人情。这要花费几周时间。而到出发的那一天，对于目的地的情况，他已了如指掌、胸有成竹了。因此在旅途中，他很少被突如其来的麻烦搞得手忙脚乱，而是尽情尽意地去享受旅游的愉快。旅游一结束，要干的事一下子多起来。首先是整理照片，给照片加注释；更重要的是写游记。老人的旅行笔记可以说是滴水不漏。意大利的威尼斯城是当时69岁的沃尔夫出门游览的第一站。他又从那里乘船前往以色列，再乘汽车去摩洛哥。那以后他又登上飞机飞向更远的目标。16年来，他的足迹已经遍及全世界，累计行程超过100万公里，相当于环绕地球25圈。

人们问沃尔夫：哪来这么多钱去旅游？他这样回答："我平均每走1公里只花1个先令（相当于人民币0.25元）。关于费用我曾经做过精确的计算，觉得自己完全支付得起，因为我的生活简单，自己开伙，尽量不去餐馆，而且烟酒不沾。这样一来手头总会有足够的钱。"谈到旅游，老人更加兴致勃勃，而且颇有几分感慨："我是在列宁格勒度过72岁生日

的。75岁生日这天正巧到达日本的冲绳。满77岁时，我正在一条从西伯利亚驶往广岛的轮船上。78岁时去中国，在著名的戈壁沙漠上度过79岁生日。80岁时登上了一座雪峰。以后还去了位于北极圈内的格陵兰岛、地中海口的卡萨布兰卡、意大利的撒丁岛、土耳其和美国。最近两年我围着世界跑过5圈，身体健康，精力充沛。"

现年85岁高龄的沃尔夫老人告诉大家，如果一切顺利，他一定要把旅游活动坚持到100岁。他还经常以自己的体验劝告老年人："到外面开开眼界吧，不要老在家里闷闷不乐。世界上到处都充满着魅力！"

一生生了73个子女的人

意大利58岁的德莱莎·卡勃妥，从15岁起，一生结婚两次，共生下73个子女。生下第73个孩子后，她进行了结扎，否则，谁说她不会再继续生下去。

德莱莎在43年中，共生下13个单胎儿子和女儿，16对双胞胎，8胎三生子女和一胎四生子女。她15岁结婚后就生下一双子女，而58岁生下的一个儿子6斤多，是73个子女中体重最小的儿子。因为心脏的毛病卡勃妥太太不得不结扎了。

健力士世界大会曾记下一位无名

的俄国女人，认为是有记录的世界上生孩子最多的母亲，他一生生下了69个儿女，有67个度过婴儿期活下来。但是，现在的卡勃妥太太的73个子女都活着，他们中大多数已结婚成家。

"世界第一长发女"谢秋萍

20世纪60年代末，谢秋萍出生在山清水秀的广西桂林荔浦县城。跟别人不同的是，她的头发"长得比韭菜还快"。小学毕业时，辫子已拖到脚后跟了。

世界第一长发女谢秋萍

1993年底，上海电视台、上海市公证处、上海市计量局等单位正在筹办世界长发大赛。

组委会听说广西有一位长发女，便邀请谢秋萍去上海参赛。谢秋萍推托不过，便请假去了。在1994年1月的大赛上，谢秋萍的头发竟长3.869米，不仅打破了同台竞赛的中华第一长发女王丽娟3.05米的纪录，也打破了世界第一长发女美国珍妮保持的3.60米世界吉尼斯长发纪录。当时，定居上海的我国百岁画坛大师刘海粟称奇不已，兴奋地挥毫为谢秋萍书写了"长发"二字。

与外星人频频接触的男子

1977年6月20日，在札幌工作的年仅20岁的中野先生于晚上8时30分左右，在私宅以北某个地铁站下车。当他出了地铁车站时，看到令人难以置信的现象。他面前数公尺转角处，有一个男人从脚跟的地方正逐渐地消失。此时他忽然感觉："那就是'外星人'！"

就像别人的意念直接地飞进脑中一般奇妙，而且那天也不是他第一次碰到外星人。而他第一次看到UFO是在1970年9月。那天他和同事正开车前往工地，他们看到了在空中飞行的雪茄型的UFO。1976年在私宅附近的防风林上空看到三角形的

外星人

UFO。而在 1977 年春天，更是常常在家的附近看到 UFO。回顾一下，让人觉得外星人好像从两年前，就开始准备要和中野接触似的。接着，事情发生在地铁相遇后几天的某个晚上，当中野在观察 UFO 时，他老觉得站在不远处的街灯下的那个男人有些奇怪，而且感觉到那个男人在叫他。走近一看原来就是前几天在他眼前消失的那个人。他的身高 180 厘米，身穿白衬衫黑西装，头发眼睛也是黑色的。除了长到背部的直发之外，跟一般日本人没两样。但中野一看到他就直觉地知道他不是地球人。

中野决定直接问他："你是外星人吗？"

男人回答说："是的!"然后，从上衣口袋中拿出一个散发着橙红色光芒的环形金属给他，说："请拿着这个，它可以提高你的能力，随时都可以呼唤我们。"他把金属环交给中野后，便朝着远处走去。

这时，拿在手上的金属环尚有余温，不久之后温度消失了，同时橙红的亮光不见了，变成一个银白色的圆环。自从有了这个金属环后，中野的身边就常常发生一些不可思议的事。金属环真的激发了他潜在的超能力。最明显的是他可以靠意念把东西在一瞬间移到别的地方。

6 月 23 日中野因参加 UFO 观测会一直待到很晚，到达北 24 条站时已经是晚上 11 点了，当时已没有巴士，也看不到计程车。

他只好走路回家。走了大约 15 分钟，忽然迎面来了一个女人，满脸惊惧地指着他的脚。他低头一看，却看到自己的脚正在消失中。接着膝盖也消失了，腿也不见了，当腰部也消失了的时候，他看见眼前一片红光，身体仿佛燃烧起来般的灼热。但在一瞬间，他就发现已经站在自家附近的防风林中了。等身体回到原来的样子时，时针指着 11 点 15 分。通常由车站走到这里大概要 40 分钟。依时间来看，后面 25 分钟的路就是他飞回来的那一瞬间。

知道自己可以任意在很短的时间到达想要去的地方的中野先生，这一天又想着"到月球去"。他马上就觉得身体好像被吸到某个地方去了一样，定睛一看，自己已站在一个陌生的地方。那是在一个很大的透明帐幕中，透过帐幕可看到地球就在头顶的天空中。在远处有二三个这种帐幕，建筑物好像是建在陨石坑上一样。后来他又再次看到外星人，他们用UFO把中野送回了地球。

UFO 飞碟

在这之后，中野坐了好几次UFO。当他搭乘喷气机似的UFO时，也看过火星人。另外，他和外星人也在家中或咖啡厅中碰见过多次，并且请教了很多事情。那些外星人都提醒他说："在不久的将来，太阳系中所有的星球都会被太阳吞噬掉。"然而引起这种事情的元凶是地球人邪恶的思想波。所有地球以外的行星为了避免危险，已经开始远离太阳系了。不知道这件事的只有自取灭亡的地球人而已。而且外星人还说，他们为了让地球人知道这件事，所以开始混到地球人中从事活动。

中野先生所经历的事实在太多了，无法在此一一介绍，但有很多人并不相信。然而在中野的周围有不少人曾亲眼看他使汤匙柄变弯，也看到他的瞬间移动，更有人也看到过外星人。

但在中野和外星人的接触大约半年多之后，他却主动停止了这样接触。因为他的经历一再受到传媒的渲染，使他的生活脚步大乱，因而毅然决定中止第三类接触。

据说他跟外星人谈过的内容有很多都保密着。如果真是这样，也有可能是因为他不喜欢传媒对外星人的事情都是半开玩笑地来处理，以致引起大众的误解，所以他才会装得像已经跟外星人没什么来往了。

将阵亡士兵文在身上的人

据英国国防部公布的数据，自2001年阿富汗战争打响以来，驻阿英军士兵阵亡人数达到229人。为了纪念这些在阿富汗牺牲的战友，一名退役英军士兵在自己身上文下223名阵亡战友的名字。

这名退役士兵名叫肖恩·克拉克，来自英格兰中部的唐卡斯特，1989～1996年期间曾在英国第8轻步兵团服役，他曾到过丹麦、直布罗陀以及挪威，直到1997年退役。克拉克曾发誓要将每一位在阿富汗牺牲的战友名字文在身上，以永远怀念他们。11 日，他坐在椅子上 4 个小时，终于将 223 个名字文在他的前胸和后背上。

克拉克说："如果能让人们知道，这些人在战场上做了什么，我不在乎痛苦几天。我也希望能够借此为那些从战场上返回，受了伤的士兵筹集一些资金。开始的时候，家人们都以为我疯了，但是他们现在改变了想法，妻子一直在背后支持我。"

克拉克表示，如果有必要，他将在每年"荣军纪念日"当天，更新他身上的阵亡士兵名单。在文身开始前，克拉克说："这将是一段痛苦的经历，但与前线士兵们的处境比起来，这根本算不了什么。我知道这 223 个名字可能将我的上半身完全占满，但这是我纪念英雄的方式。只要我活着，这就是对他们的纪念。"

克拉克说："在驻阿英军部队中，依然有很多我的老战友。尽管有很多人在努力为他们筹集资金，但我想做一些不同的事情，让人们永远记着他们。这不仅仅是为了筹钱，也想让那些英雄知道人们在关注着他们。"

文身艺术家凯文·肯特免费为克拉克文身，他说："我们是从上午 11 点开始的，首先默哀了两分钟。我告诉克拉克，这将是一个缓慢和痛苦的过程。"

克拉克说，他已经从许多阿富汗士兵和前战友那里获得支持。他还建立了一个名为"奉献"的筹款网站。他的网页上挤满了大量支持者和祝福者的信息。一名支持者写道："好运的克拉克，你现在做的对我和在阿富汗服役的丈夫来说意义非凡。"另外一人写道："好家伙，我们会永远记住他们。"

异能奇人

能穿墙的人

在加尔各答发生了一件扣人心弦的事情，69 岁的印度教圣人克沙里·拉瓦尔当着一群科学家表演他短途飞行和穿墙能力。据称，这圣人先进入恍惚状态，然后飞穿过印度超自然现象研究院的两道钢筋水泥围墙，一点事都没有。但在穿越第三道 6 英尺厚的墙时，不知什么东西使他分散了精神而陷在墙内。

超自然现象研究员加雅博士说："现场有 200 名科学家和研究人员，但是鸦雀无声。肯定有什么意外，而我们却无能为力。我们试图与他沟通，但他不能讲话。我们认为他的分子已与墙的分子融合在一起。如果确是那样的话，他已跟砖头一样坚硬而没有生命了。"

当时圣人陷在墙里，24 小时有人守卫，以防有人去触摸他露出墙外的手和脸。有人提议拆墙救出他，但是被问及的科学家一致认为那样做会害死那圣人的。加雅博士说："这是个极壮丽的悲剧，我们的唯一安慰是他同意穿墙前是知道干什么的，这不是游戏或魔术。"

蹈火的巫师

檀香山主教博物馆有一位名叫布里格姆的著名人种学家，曾经讲过一个有关蹈火秘术的典型故事。布里格姆自小在夏威夷长大，年轻时，由于机缘巧合，说服了三位朋友（当地的巫师），教他蹈火之术。有一天，他知道一股新熔岩流在几劳亚火山附近出现，就不禁雀跃起来，因为他期待已久的蹈火表演良机终于来临了。

布里格姆和他的朋友几经艰苦，在隆隆作响不已的火山山坡攀爬了三天，才抵达一大片熔岩峡谷。他后来回忆道："我们把石头投入那片熔岩，证实熔岩表面的硬度可以承受我们的体重后，我那几位朋友便沿着峡壁爬

蹈火的女孩

下去……熔岩表面正在变黑，因热力而引起的颜色变化时隐时现，就像铁匠将要投进水箱的一块逐渐冷却的铁……一想到要走过一片平坦叫人惧怕的熔岩，就令我不寒而栗。"

三位巫师在闪闪有光的熔岩边缘停下来，气定神闲地开始用古夏威夷语吟唱，而布里格姆却感觉自己"差点儿给高热烤熟了"。然后，"最年长的一位，毫不迟疑地，在热得惊人的岩面赤足快速走动"。布里格姆看得目瞪口呆，突然被人从后面猛推，一瞬间也站在了那片炽热熔岩上，只好拼命往前跑。

布里格姆当时穿着靴子，但跑不了几步，靴子的缝口就给烧断了，一块靴底随即掉下，另外一块也开始松脱了，只好穿着袜子，跑完最后的路程。说来奇怪，袜子竟没着火，只有与破靴子鞋帮（熏焦了）接触之处烧焦了。布里格姆还说："我的脸孔和身体都感到很热很热，但足部却好像完全没有这种感觉。"他跑到熔岩的另一边后，足部仍旧没有温热感，而且像巫师的足底一样，连一个水泡也没有。事实上，他觉得回程时，赤足不穿靴子下坡，远比在熔岩上行走要痛苦得多。布里格姆自此直至1926年去世那天，始终没有改变对自己蹈火之行的解释："那是魔术，是巫师和其他原始民族的一种异能。"

印度"蜘蛛侠"

据英国媒体2009年7月23日报道，居住在印度南部的一位22岁男子拥有徒手攀爬高墙的技能，堪比漫画人物"蜘蛛侠"。周末的时候他就会到当地的旅游景点表演攀爬，每次都吸引了很多游人观看。他是在4年前发现了自己拥有这种不可思议的攀爬能力的。

会腹语的女孩

白浩义是哈尔滨师大音乐学院的一名大学生，钢琴弹得非常好，最让人稀奇的是她竟会武侠小说里出现过的"腹语"功夫。

几年来，经常有记者或经纪人找她，甚至包括韩国SBS电视台、湖南卫视等还曾找她去演出，不想出名的她推掉了所有的邀请。

采访中，她应记者要求展示了"腹语"。只见她闭着嘴、两腮微鼓，一种类似童音的声音传了出来。语速、节奏抑扬顿挫，与正常发音无异。她还用腹语唱起歌来，犹如童声歌唱，嘹亮、甜美，只是样子怪怪的。

说到"腹语神功"，她告诉记者，在老家黑龙江鹤岗市上小学 2 年级时，一次和小朋友玩时，无意中发现自己能闭着嘴说话，而且想怎么说就能怎么说，一点儿都不费力。当时，天真的她认为可能每个小朋友都会，就没在意。

上初中后，她开始学习长笛，并进入了学校艺术团。一次，长笛老师给他们介绍主持技巧，并让大家练习一口气把一句话说完的能力。由于每次都大声练习很辛苦，有的人就不张大嘴，只是嘟囔。正是这种偷懒行为，老师竟发现了一个奇怪的事，白浩义虽然不张嘴，但依然能发出声音。虽然与口语有所不同，但语音非常清晰。觉得此事很有意思，老师便将此事通知了报社记者，她的"特异功能"也因此很快传开。

她的"腹语"让大家感到惊奇，而家人却为此不安，"难道孩子患了什么病？"她在母亲的陪同下到当地医院进行检查，医生认为她的口腔发育正常，无法解释不张嘴却能"腹语"的原因。

她的这个特殊本领给她和身边人带来不少乐趣。她介绍，几年来，常有人特意找到她看她表演，看过后都觉得很神奇。有的还想拜师学艺，为此，她结交了许多朋友。

在一些亲朋聚会时，她有时也会即兴进行表演，给聚会掀起高潮。一些不明真相的人都目瞪口呆，围着她研究声音从何发出。

对于自己的"特长"，她说，虽然身为校广播电台的主持人，放假回家乡时也会客串鹤岗交通电台主持，但自己不会在主持过程中特意展现"腹语"，更没想过将这种"特长"用于表演。她认为"腹语"只是上天赐予她的礼物，需要好好保护。她的理想是毕业后继续深造，将来做一名优秀的老师。

躯体能放电的人

与自燃者不同，带电者或致火者能够对周围环境及其所接近的人产生影响。

英国曼彻斯特城的普琳夫人是 3 个孩子的母亲，她带有的一个活动电源组静电，使医生迷惑不解。这位妇女接触任何东西的时候，经常有电光和响声。当她熨衣服时，电熨斗经常发出爆裂声。她曾在家中的温水养鱼缸中"电"死了 9 条鱼。其丈夫说，她躺在床上的时候便会引起静电感应，从而发出劈劈啪啪的声音；同妻子接吻时也会有痉挛感。

科学家介绍说，普琳夫人一天冲几次凉，并在踝关节部缠一段铁线，这样她可以接"地"，并将电流导入地下。牛津大学天体物理学家尚理斯说，我们不知道为什么普琳夫人不能像其他人那样摆脱电流，她所带静电超过常人5倍。

在马亚西来的一个垦殖区里，一家7个孩子的体内都带有超人的静电。当孩子们骑坐童车让身体离地时，头发就会竖起，其中女孩索英哈带电最强，人们触摸她时会有轻微的电击感。孩子们的父亲索嘉布拉说，索英哈是在一场小病之后身上才带电的，接着其他孩子也变得像她一样带电了。

詹妮·摩根是生活在密苏里州的一位美国姑娘。1895年期间，她的身体突然变得像个强大的蓄电池。她伸手抓门把柄，电火花连续从她的手指放出，高电压火花灼痛了她。她的一只心爱的猫被她几次电击后，总是躲得远远的。阿什克拉夫特医生不相信这位少女身上会带有高压电，他伸手去碰她，一下子被击倒。隔了好一会医生才睁开眼睛，发现自己仰面朝天躺着，身边围着一群为他担心的人。

带电者是否会因电招灾呢？美国俄亥俄州发生过这样一件事：一家电机厂曾频频发生小火灾，有时一天竟达8次之多。为此厂家特意请来一位专家对所有的员工进行检查。专家让员工们轮流手握电线站到金属板上。其中有位女工刚踏上金属板，电压计就急剧地狂跳不止。这位女工身上的静电是3万伏特，电阻是30万欧姆。当她接触易燃物品时，随时都可能引发火灾。那个女工调走后，电机厂果然没有再发生过火灾。

但有时从致火者那里找不出任何原因，乌克兰的"火孩儿"萨沙就是这样。这是一位14岁的男孩，他有一种令人莫测的奇能：不管他出现在谁家的房间里，室内的家具和衣物就会无端地起火。从1987年11月起，这个"火孩儿"已引起100多次火灾。所以，左邻右舍的人都迫使他们全家搬走。可是，无论搬到什么地方，他只要一进房间，屋内的地毯、家具和电器都会莫名其妙地瞬间起火燃烧。这样一来，闹得萨沙全家都不敢与他同睡，只好轮流站岗，以防患于未然。最后，实在没法，只得让萨沙一个人搬到祖母家里去住，可是他所到之处，依然火灾时起。"火孩儿"萨沙的致火奇能引起了有关科学家的关注和重视，但对他的调查和研究表明，他身上并未发现带电现象。

英国女子保琳·肖的身体可以把体内静电贮存起来，突然把它们放出来。在她手指外近8厘米处会发出电火花。凡她所接触到的电视机、洗衣机、摄像机、电饭煲等电器均遭破坏，至今她所破坏的电器价值已达1.5万美元。

当她和家人肌肤接触或与人握手时，往往把对方电得跳起来。

一家超级市场的一台电冰箱被她放电而烧毁，为此，她被宣布为不受欢迎的人。

她去银行，银行的电脑系统立即出现故障，为此银行方面请她委派别人替她办理一切手续。

在家里，也因她发电，两次烧毁了全屋电线。

据科学家推测，导致保琳出现这种罕见的放电现象，可能是情绪异常引起的。保琳的父亲10年前去世，而保琳为此情绪异常激动，使她体内的静电积聚起来。

保琳的家人渴望能早日为她寻找出一个治疗办法，她的丈夫说："我们家不用化纤做的东西，衣服也穿纯棉的。现在唯一能减低保琳发电机会的办法是多洗澡。保琳一天洗澡达四次之多。"

保琳说她能预感到什么时候将发电，因为发电前她必然会出现头疼现象。一旦出现征兆，她就禁止自己和别人接触，也不外出，更不走近任何电器。

正在对保琳·肖进行研究的一名牛津大学科学家说："我们推测，世上可能也有不少人像这名女士一样有发电能力，只不过情况不至于像她那样严重而已。"

用手掌看书的人

前苏联有一个名叫罗莎库列索娃的女子能用手掌看书。波波夫科技学会对她能用手掌看书的功能进行了测试。第一个试验：罗莎的手伸出，眼睛被蒙上布，再把不透明的隔板隔在她的手和脸之间，使她完全没有看到物体的可能性。把有人头像的纸牌、三角形、星形拿到罗莎跟前，她准确无误地说出这些形状。

为了排除她偷看的可能性，试验者做了一个有孔和带黑色袖套的黑色箱子，在箱子里放上书，罗莎把手通过袖套伸进箱子，随便翻开书的一页，并读出来，试验者把她读出的做了记录，均准确无误。

后来又在她眼睛完全看到的距离，放上字母让她用手认，竟能无误地认出来，使她自己也很惊奇。

能预报地震的人

一位叫德容·卡尔杜奇的意大利人，他的脚趾有一种能够预报地震的功能。

他多年生活在德扎尔市的爱特纳火山脚下。每当他的脚趾一疼痛，火山就一定会有活动。一天夜里，他被脚趾疼醒，他立刻找到市长报告说："爱特纳火山将威胁居民。"对他的话，市长和数百名市政官员疑虑了很久，但最后还是发出了报警信号，并要求全体居民在 20 分钟内疏散。结果，过了不久，爱特纳火山就喷出了岩浆。炽热的岩浆冲入德扎尔市。人们无不感谢卡尔杜奇，称他的脚是"地震报警器"。

美国加州一名女子，能够准确地预报地震发生。这位女子名叫夏洛蒂，每当她预感到地震发生时，就会听到一种声音，有时声音的变化会令她感到头痛及胸痛，而根据声音的变化及疼痛的部位，她能预测地震将发生在什么地区。

夏洛蒂在 1985 年 5 月 5 日曾打电话给一家通讯社，称她预感到在加拿大、阿拉斯加、阿留申群岛或日本将有一次大地震。两天后，阿留申群岛果然发生了地震。

夏洛蒂准确预报地震已非一次。1985 年 4 月 27 日，她打电话给通讯社，说墨西哥于 12 小时内将发生 6 级以上地震，结果 3 天后墨西哥发生了 7 级地震。后来，她又通过墨西哥领事馆说，另一次类似强度的地震将再次发生。次日，墨西哥果然又发生了一次 6 级地震。

从 1976 年开始，她有时在耳际听到 13 种不同的声音。同年 5 月 5 日，她听到一种特别的声音和另一种声音交替回响，使她预感地震将发生于日本或阿留申群岛，而地震前她血压升高，呼吸困难，很不舒服。

眼睛会喷火的人

在意大利的旅游胜地发尔米雅，人们发现一个 16 岁的少年贝耐戴多·苏比诺的两眼能喷射出不易为人觉察的灼热火焰。

一天，苏比诺去治牙病。候诊时，他拿起一本杂志阅读，不料杂志竟燃烧起来，吓得他扔下杂志就跑。晚上睡觉时，苏比诺闻到一股焦味，原来他盖的被单也烧着了。两年来，苏比诺的父母带他去各大医院检查。意大利的著名医生马西墨·伊纳拉底以及其他几名医学专家对苏比诺作了检查，但都无法解释这一奇怪的现象。

用鼻子吃面条的人

美国有一个女子，可以利用鼻孔把一大碟意大利面条吸进肚子里，却不会吸进气管以致窒息。

她是 36 岁的安娜·弗多里，3 个孩子的母亲，居住于佛罗里达州北棕榈滩。弗多里太太从 1981 年开始表演她的这种"奇能"，不少慈善活动负责人都找她"帮忙"，两年多来，她每年为那些慈善筹款活动表演用鼻孔吸食意大利面条的"奇能"，引起人们啧啧称奇。

一个鼻科医生认为弗多里太太的"表演"别人不该效法，"这是十分危险的玩意，倘若你去尝试，很容易会窒息而死的。"

用胸部能说话的人

四川省武胜县发现一名妇女能用胸部发音、说话，并能与别人对话。其声音似10余岁孩童，但音量稍小，吐字不清。此人叫胡志秀，身高1.4米左右，胸部与常人无异。当有人呼她的名字时，胸部便立即答应，并与其对话，问"吃过饭没有？"胸部答道："没有。"问其他一些话，胸部都一一作了回答。当然，有的话听不清，需她本人"翻译"。更奇怪的是，当在正面听时，其声音从胸部发出，当在侧面听时，又觉声音在侧面；当在后面听时，声音好像又从背部发出。

能跟动物对话的人

很多人都怀疑人类是否能跟动物对话，但好莱坞的巨星对此却深信不疑，他们愿意付给贝翠丝每小时45美元，聆听贝翠丝跟动物的对话。贝翠丝是一名跟动物对话的专家，她自称上帝给予她力量去探索动物的心灵。她第一次的探索对象是附近的一只德国牧羊犬，她听到牧羊犬在说"我很寂寞"。

贝翠丝最初被人嘲笑，但她在《今晚夜》这个节目中令主持人苏珊十分震惊。因为她说出苏珊家中的宠物喜欢看见一个男人来探访。这个男人可能是苏珊的男朋友，也可能是别人。好莱坞的明星都喜欢找贝翠丝跟宠物谈话。她的顾客中包括伊丽莎白·泰莱和白潘等。

贝翠丝透露："伊丽莎白·泰莱的宠物都说不知道她是大明星，只知道它是它们的母亲，是它们所亲爱的。"白潘想知道家中的宠物是否认识到主人对他们的爱。贝翠丝跟它们倾谈后，回答说："它们都知道。不过，在你离开时其中一只会更为伤心。"

巴西东部小镇普拉塔勃里斯，有一个叫费朗西斯科·维森特·杜阿尔特的男孩，"通晓"动物的语言。有一次，家里来了客人，一群蜜蜂将客人围住，这时，费朗西斯科叫住这群蜜蜂，和它们"交谈"了一阵，于是蜜蜂乖乖地落到他身上，随他回到自己的蜂场。

费朗西斯科从没有被蜂螫过，也没有被蛇或其他动物咬伤过。有一回，城里的马戏团来到费朗西斯科的村子演出，他悄悄跑到后台，钻进狮子笼里，和狮子逗着玩，狮子亲昵地舔着他的脸，这个场面竟把马戏团老板吓得昏了过去。

费朗西斯科还能给动物下命令。

有一次，他命令一条大蝮蛇："爬到我身上，把舌头伸出来！"这条蛇便乖乖地爬到他的背上，伸出舌头舔他的耳朵。

台湾新竹县东镇软桥里的31岁徐锦梅，能听懂台湾各种鸟类的语言，并能够跟它们交谈。

有一次，他听到一只百灵鸟说："台风要来啦！"他急忙把谷仓的门窗关紧钉牢，果然这夜台风袭来，风雨交加。由于他预先作了防风措施，免遭损害。

用眼睛吹喇叭的人

日本爵士乐队的队员，33岁的杰士加，可以用眼睛吹奏喇叭。杰士加6岁学吹喇叭。当他27岁时，一次他想看看喇叭里面是否因跌落而弄污了，于是把喇叭放在自己左眼上看。左眼竟然跳动，使喇叭发出声响。他惊异之余，发现自己左眼有特异功能，他灵机一动，刻意训练用左眼吹喇叭，后来，他练到用眼睛吹奏一曲，全不出错。现在，他竟然能够在同一时间吹两个喇叭，一个用嘴巴吹，一个用眼睛吹。

世界上最耐电的人

一位中年女子，两手各拿一根电线，其中一根的一端是插头，另一根的一端是一个电灯泡，当插头插进带电的插座时，灯泡突然亮了，而她却若无其事。她就是成功打破世界吉尼斯纪录的郑州女子姚艳晶。

最耐电的女人姚艳晶

中专毕业后，姚艳晶分到郑飞公司当钳工，一次，车间里的挂口灯泡坏了，只有她和另一名女工在场，她只好硬着头皮上了。她让女工先把车间外的电闸给关掉。女工走出车间，恰遇一个工友就聊了起来，姚艳晶等了会就大胆地摸着挂口灯座安装灯泡，灯泡突然就亮了，她当时吓得一哆嗦："电闸怎么没关？我摸着电咋没被击倒？"此后她决定再试一试自己是否耐电，当食指终于触到了灯座，却没有一点儿感觉，再试几次，仍没有感觉。她才弄明白原来自己"耐电"。

1998年5月18日，经上海世界吉尼斯纪录分部鉴定，姚艳晶以身体能够耐550伏电压入选吉尼斯世界纪录，成为全世界最耐电的人。

眼睛喷火球的男孩

一名俄罗斯阿尔汉格尔斯克市的9岁男孩被证实具有超自然能力。很多目击者证明，这名叫易格的男孩双眼凝视后，一个火球便从眼球中诞生。

有一天，易格家中发生了奇异事件：水桶自动摆动，椅子不停转动，水壶从煤气炉上"跳"下来。可怕的是，房间里的衣服和家具都开始燃烧。当时在场的有易格72岁的外祖母、易格的母亲和妹妹，她们喊着要灭火，这时，煤气炉自动地生火，前来灭火的人们发现很多地方又开始莫名其妙地着了火。而后易格承认自己是火灾的起因，因为"他的眼中和脑中有一些小火球，它们跑到外面，见什么烧什么"。一名易格的亲友表示，他当时看见了一个明亮的小火球，裂成几个更小的火球。当火球碰到家具，家具就烧起来了。

预言航空事故的人

1974年3月3日，土耳其航空公司的DC10型大型喷气式客机坠落，乘务员及乘客共346人全部死亡，这是历史上最严重的一次事故，早在这次事故发生前半个月，美国的一位名叫肖恩·罗并斯的女子对这次事故的发生已作了详细预告。

2月16日在纽约的实验会上，她在催眠状态下作了如下预告："去伦敦的大型喷气客机坠落……数百人死亡，生存者一个没有……发生时间3月或5月……美国外交官夫妇也在遇难者当中……与T字有关（土耳其的字头）……机种DC10……"

预言全部录了音，事关重大，吃惊的肖恩和她的朋友，于19日拜会了FBI的纽约分局，向航空值班员提供磁带，希望防止事故发生。不幸的是FBI没有采取有效的措施防止这次空难的发生。3月3日事故的发生，真的是印证了肖恩的预言，还是巧合？

能准确报时的女孩

吴金芝是黑龙江省齐齐哈尔市北满钢厂第三小学的学生，她不看钟表，就能准确地报出时间。一天，记者来到她家，把屋内的钟表藏好，等她从外边进来后，突然问她几点了。她望一眼花盆中的倒挂金钟花，看看窗外的太阳，说："8点50分。"大家一看表，一分不差。一天下午，她在路上玩，有人问她几点了，她说是2点15分，一看表和她说的差了4分半钟。到后来，广播报时的时候，问话人才发现自己的表快了4分多钟。又有一天晚上，她从外边回来，父亲问她几点，她闭灯看看外边的月亮，回答说："7点零1分。"完全正确！她白天看太阳，晚上看月亮，阴天观天空。问她看到了些什么，她说："看天空里，天空里就有个似圆形的大挂钟，上面有时针和分针，白天是蓝色，晚上或阴天是灰色的。"

具有超强忍耐力的人

提姆是一名表演娱乐节目的人，也是美国著名的吉姆·罗斯马戏团成员。提姆特别擅长吞剑、火上行走、睡钢钉床以及针刺肉体和忍受电击。提姆称，他之所以能这样做，因为他已经征服了大脑。但研究人员认为，这是因为提姆天生是一个基因突变者，致使他没有正常人的痛觉。可是，他也不是什么都感觉不到，他可以感受到触摸和温度。由于神经细胞内的障碍受体接收不到疼痛感，所以大脑也不会下令"让他的手从火炉上拿开"的指令。

用手"煮"食物的人

牙买加有一个名叫奥利花奇勒的男子，他有天生的超能力，可以凭他的意志力，用手把眼前的食物煮熟。这些食物不仅有蔬菜、鱿鱼这些容易熟的东西，就连牛肉、马铃薯这类不易煮熟的食品也能在他的双手中被煮熟。

他曾在200多名科学家面前做过示范表演。法国一位名叫菲腊史达克的博士说："我本来是不相信的，但我亲眼目睹了这一切，看来此人确实天生一种超能力，所以，有人称他为微波先生。"

奇勒是用他的双手来"煮"食物的，奇怪的是他的双手本身完全不受影响。据他自己回忆说，他4岁时身体就可以发出这种微波热能。但是当时不知道为什么，当我用手拿起食物不久，就会从指间掌心传来一股热能。通常，热能出现得很快，大约5分钟的时间，便可以拿来吃了。不过，他很少煮肉类。一个原因是他不喜欢吃肉类，另一个原因是用手掌弄熟肉类之后，满手掌都是脂肪、肥腻，浑身不舒服，所以，他喜欢弄熟一些"干净"的食物。

一位牙买加的物理学家摩亚研究过奇勒。他说："他的人体结构，一定异于常人，某一器官异常，就能产生很高的热能，热能过高了，非要发泄疏导不可，否则会全身爆炸。"奇勒也这么对别人说："当热能出现的时候，我浑身不舒服，我必须找东西发泄一下，抓一把废纸来烧也好。否则，我的头疼得厉害，继续下去一定会被烧干。"

身怀5种绝技的怪男

在印度孟买有个叫库卡尼的男

子，因怀有 5 种超越常人的绝技，被人们称为"当世头号怪杰"。倒退着走路是一种锻炼方法，这样能使人腰板挺直，但只能慢慢地倒行，而这位库卡尼，一不侧身张望，二不用棍棒探路，却能沿着高低不平、拐弯抹角的路面倒走，就像后脑上装着眼睛一般。他创造了倒走的最高纪录，一口气跋涉 65 千米。库卡尼的另一绝技，是能单腿金鸡独立，一站就是半天或一天，而且表情轻松自在，稳如泰山。他单脚独立最佳纪录为 33 小时。此人还能在众目睽睽之下表演吞食日光灯管，如果观众不信，可自购灯管供他吞食。只见他敲去灯管两端接头，抱着灯管狼吞虎咽，好像在吃着甜滋滋的甘蔗。表演结束，他还让观众检查口腔，他的嘴唇、舌头、牙床，乃至喉咙口部皆无出血和破伤，实在令人惊奇。

眼睛自成放大镜的人

在长春中医学院发现了一个肉眼能当放大镜的人，他的眼睛能使被测物体放大若干倍，从而将一些常人用肉眼无法分辨的微小物体，分辨得清清楚楚。

他自己说，他能分辨极微小的物体。为了证实他的特异功能，中医学院的科研人员就请他用特异功能观察血球计数板上的白细胞及尘埃的数目、位置，而工作人员则同时用放大一百倍的显微镜来观察作为对照。这样的实验他们共做了 51 次，结果这位特异功能者用肉眼观察到的白细胞数、尘埃数及其分布位置，与显微镜下观察到的完全相符。可见，他的眼睛确实具有使物体放大 100 倍的功能。

能看透内脏疾患的人

意大利有一名 80 高龄的文盲农村妇女柏莲娜，虽然连报纸也看不懂，但却可以看穿人体内脏，用肉眼来判断肾结石、肿瘤及其他疾病等，准确性高达 99%。

医生在手术中，也需要柏莲娜的帮助，看出患处后，再施行切割。

安科那大学一位内科手术教授兰地医生，请柏莲娜观察一个手术，她也能准确地指出病人肿瘤的位置。兰地医生说柏莲娜婆婆还懂得计算病人体内红细胞成分，与实验室化验出来的数据是完全一样的。可惜兰地医生暂时也不能从科学的观点上解释柏莲娜婆婆的奇异功能。

不过，虽然她拥有这不可置信的能力，她仍然住在乡村中，过着清贫的农家生活。最奇怪的是：一些大医生重金聘她断证，准确率反而比不上只能付出一文钱的小农民。

她断证过程大致分两个程序，首

先是进入催眠状态，当回复神智后，她便可以告诉医生她在催眠时所见到的一切，她可以清楚地看见病人体内的器官：如心脏、肝……而且还是彩色的，内脏中长着的小肉粒及肝瘤等，她也"一览无遗"。十几年来柏莲娜每天不停地替 50 多名病人断证，已经感到疲倦了，她只希望日后腾出更多时间与孙儿相处，故每天已减少到只替 10 个病人断证。

两年吃掉一架飞机的人

米歇尔可以称得上是一个不折不扣的"美食家"。除了像正常人一样进食外，他还可以吞下金属、玻璃碎片甚至剧毒的东西而不会给他的身体

吃掉飞机的米歇尔

造成任何影响和伤害。电视机、超市的手推车甚至棺材都曾经是米歇尔享用的美食。医学检查显示，米歇尔的胃壁厚度是正常人的两倍，这很可能是他具有超强消化能力的原因。科学家猜测，这种罕见的现象是米歇尔早

在母体内就已经形成。米歇尔还曾经以两年内吃掉一架飞机的纪录进入吉尼斯世界纪录大全。

带电奇人为人按摩治病

在黑龙江省大庆市有一位 44 岁的带电奇人，名叫马显刚。10 多年来，他一直带电为患者按摩治病，220 伏的直流电从身上通过，他竟然毫无感觉。马显刚从 16 岁起就曾接受过各种各样的专家检查，可至今也没人能对他的身体特质做出科学的解释。

让 200 瓦灯泡发光

马显刚在大庆市龙凤区火车站旁边开了一家按摩室，当有疑问好奇的人来求证时，马显刚当即拿出他的设备就做试验。

这是一根带插头的普通电线，在零线和火线的前端粘着一块铁片和半根筷子，据说筷子的作用是便于患者用手握。

为了验证传闻的真实性，马显刚在要求下换个场地再试验一次。楼里面还有许多小公司，自称是某公司员工的林先生打开了另一间房间。马显刚将插销插到了一个插座里，然后用手握住电线前端的铁片。林先生找了个试电笔放在马显刚的手上，试电笔亮起来，再把试电笔放在马显刚头

上，又亮了。

接着马显刚找来了一个200瓦的灯泡。他一手拿着灯泡和火线，另一只手拿起零线，200瓦的电灯发出刺眼的光亮。

人工电疗能调节电压

在马显刚的电疗室，他还向患者演示了一遍电疗按摩。

据马显刚介绍，他发现自己除了能导电之外，还能控制电压，220伏的电流经过他的身体之后，就变成了36伏以下的安全电压，用这种电流按摩能起到通经活络的作用。

还是刚才用的那根电线，零线和火线的前端都被裹上了厚厚的湿毛巾。按摩时，马显刚手拿火线一端，患者拿着零线一端，组成了一个电流的回路。当天，一位姓车的女士正好来接受按摩。马显刚拿着电线的一端，另一只手在患者的患病部位来回推移，坐在不远处的记者能听到"嗡嗡"的电流的交流音。

按摩过程中，车女士不时提醒他电流过大了。马显刚说，他也不清楚自己是怎么调整电流的，可能是与呼吸有关，情绪稳定、呼吸顺畅时电压低些，否则电压升高。而且，他左侧和右侧导电时电压不一样。

当与马显刚的手握在一起后，会感到一股电流传遍全身，手臂的感觉微麻。好像还听到了两声"噼吧"

的电爆声。当他说"我要加大电压了。"话音刚落，手臂麻木的感觉便开始不断加剧，直到切断"电源"，所有的感觉都消失了。

马显刚还有一个绝活，当他把手放到患者额头上的时候，患者头部立刻变得麻木，眼前一阵光。"蓝光是血稠，红光是脑动脉硬化，灰光是脑供血不全，白光是正常。"马显刚说，这是他利用电流诊病总结出来的临床经验，他说不出什么依据，但诊病的命中率挺高。

一分钟能说585个字的人

一分钟之内讲585个字，你可以想象到吗？也就是说，每一秒钟要讲约10个字。也许你经过尝试之后会发觉这几乎是不可能的，因为人的嘴不可能说得那么快，而且就算说这么多字，别人也不知道你说什么。法伦卡普却可以说得很快，并且人们能听清她说的是什么。她被人冠以"马达口"，而且最新一期的"世界纪录大全"已把她列入其中，成为世界上说话最快的人。她的每分钟585个字的纪录相信可以维持很久而无人能打破。

法伦卡普并非天生便是"马达口"，她说，"小时候我说话并没有这么快，但随着纽约的快节奏生活，我逐渐加快了说话的节奏。"

法伦卡普的快嘴也是她糊口的本钱。很多人都知道电台和电视的时间便是金钱，任何人在最短时间内提供最多信息便是金钱。所以她成为很多广告商争相聘用的艺人，因为在短短30秒广告时间，谁能说出近300个字？除了法伦卡普谁又能做得到呢？

能用眼力使金属弯曲的人

西班牙卡塞里斯有一位15岁的女孩叫莫妮卡。她用眼睛凝视金属叉、钥匙或棍棒，可令它们弯曲。

卡塞里斯省公共卫生部官员卡迪纳尔医生说："莫妮卡真具有令人惊奇的超自然力量。我亲眼看见她不仅弯曲了汤匙和钢叉，还能弯曲密封在玻璃试管里的金属棒。"

莫妮卡对记者说："我要弯曲一样东西，就全神贯注地凝视它，并在头脑中描绘出希望它要变成的形状，譬如螺旋形。我喜欢弯曲铅和铁的物体，因为我发现它们容易弯曲，对我来说，锡是最难弯的。"

二指禅修到最高境界的男童

两根食指，倒立，撑起全身，1秒、2秒……15秒……精彩的二指禅功夫再次亮相大邑县鹤鸣精武馆。

"邓杨应该是国内年龄最小练成二指禅的，我们打算把邓杨练就的这一功夫申报吉尼斯纪录。"精武馆馆长魏文刚说，10岁的邓杨苦练鹤鸣武术绝技"金枪剑指功"才两年多，就已经练到了最高境界。在2009年3月举行的第7届香港国际武术比赛中获得功力、功法健身气功"绝技功力"二等奖。2009年8月，还将应邀参加国际峨眉武术节。

邓杨是大邑县北街小学学生，5岁进入鹤鸣精武馆习武，现已学会地躺拳、七星剑、四门大枪、劈挂拳、八级拳、太极拳等武术功法。

"金枪剑指功是他最得意的武术，7岁开始练习，9岁练成。"目前，他已将此功法练到最高层次，伸出两根手指头就能将身体倒立。魏文刚说，今年端午节，金枪剑指功在大邑鹤鸣山道观举行的天邑杯第10届天师会上，还获得绝技功法第一名的好成绩。

邓杨练功勤奋，学习也没落下，目前读小学4年级的他在班上的成绩属中上水平。对申报吉尼斯世界纪录，他信心十足："我一定勤学苦练，为申报吉尼斯世界纪录做好准备，争取自己在武学方面有更大的成就。"

怪癖奇人

吃煤的女人

如果不是亲眼所见，简直不敢相信，一块重约300克左右的黑煤块，不到15分钟就被她香甜地吃下去。

吃煤的妇女叫李淑霞，是辽宁省铁岭市昌图县长岭子乡的农民。3年前，她到沈阳做卖花卷豆包的买卖。据李淑霞的邻居讲，李淑霞以前常到她家去接水，经常在煤堆里翻来捡去，看到有乌黑发亮的煤块便捡起来放到兜里，问她干什么用，只是笑笑不语，时间长了就告诉邻居说她吃。邻居不信，结果李淑霞吃了几块，邻居看得目瞪口呆。从那以后，邻居看到有乌黑锃亮的煤块就捡起来留给她吃。

李淑霞曾对记者说："我吃煤是在1987年，当时家在农村需要用煤烤烟，记得第一次不用柴禾用煤烤烟时，我就特别爱闻煤烟子味，后来到了不闻就想的地步。别人生炉子冒烟都要躲得远远的，可我专门往有烟的地方钻，一点也不呛还特别愿意独享那股气味。"

有一天，李淑霞突发奇想：煤烟子味这么好闻，这煤是不是也能吃？她找了几块用水洗洗就放进嘴里，越嚼越香，从此一发而不可收拾。家里人知道她这怪癖后，想帮她戒也戒不掉。她自己也想戒却始终戒不掉，不吃就想。来沈阳后，找煤也困难，感觉瘾头越来越大。每天早上卖豆包的时候，兜里都要带上煤块，隔一会就会吃上几块，然后再用水漱漱嘴。

李淑霞说她吃煤，很多人都不信。然而，她吃煤日渐严重。为了能找到可吃的煤块，每逢看到街上用三轮车推煤的，她就要急不可待地要下几块。开始推煤人不给，问她干什么。她说吃，人家不信便和她打赌："你能吃一块，我这一车煤都给你吃。"李淑霞当着推煤人的面吃了一大块。一车煤没赌来，她吃煤的场景却让人们大惊失色，以后推煤人看到她都主动地送她几块。

她自己和家里人总觉得吃煤不是什么好习惯，但无奈又没别的办法。她曾到过医院，中医、西医都看过，医生也解释不了这种现象，更无法确诊。

据李淑霞自己介绍，她以前还大量吃过黄泥，吃过生姜，只吃了一年时间，没有像这次吃煤时间这么长。她也想能有个人给她解释清楚吃煤这种现象究竟是怎么回事，最好是能治好。因为每天吃煤终归不是一个常人的行为和生活方式。沈阳有过吃灯泡、刀片的奇人，据医生讲此现象的人是因为胃酸浓度高于正常人的几倍所致。李淑霞吃煤这一现象目前仍是个谜，有待进一步研究。

吃玻璃的人

江苏省连云港市，有一个叫王公富的人，他能大口咀嚼电灯泡玻璃。据了解，王公富是连云港青龙山公墓的一名管理员，在20多年前吃下第一只玻璃酒杯，以后每隔几天就要吃一次玻璃。目前，王公富身体健康，并无异常。

吃钞票的人

美国姑娘莎莉苏华达患一怪病：什么都不吃，只吃5元面额的美钞。她把它撕开，放在口中，就像吃炸薯片一样。许多医生倾全力研究她的病是否因神经引起。她45岁的妈妈娜泰妮暗中计算过，她的女儿起码吃掉了4000美元的钞票。娜泰妮说："我觉得很奇怪，面额1元、10元或20元的美钞，她碰也不碰，只吃5元美钞。如果她吃1元面额的美钞，那损失就小多了。"

"这件事情是突然发生的。有一天早上，我发觉她抓住钞票，当作早餐吃。我过去制止她，她冲出门外，跑到银行提款，把她所有的存款提出来，全部是五元的美钞。她返回家后，坐下来撕开钞票狂吞。我去抢钞票，她奋力反抗，还把我打晕了。待我醒来后，才把她送到医院求治。"

经医生检查，她全身健康，至今无法判断她何以猛吃钞票。她别的行为全部正常。医生说："她全身健康正常，只是喜欢吃钞票，大概是神经衰弱的一种病。"

由于她只吃钞票，不肯吃其他的东西，医生和护士只得强行给她喂食，并把所有的钞票都藏起来，对她也绝口不提"钞票"两字。

她的妈妈说："医院的费用高昂。我女儿在医院留医，不知道她多久才治愈。对我来说，这等于是变相地吃钞票。"

最"杂"的胃

法国人迈克尔·罗蒂托自 1959 年以来一直在吃玻璃和金属，他已经吃了 128 辆自行车、15 辆超市手推车、6 盏装饰灯、2 张床和 1 对滑雪橇，平均每天消耗 900 克金属。肠胃专家表示，他的这种消化能力是独一无二的。

爱吃泥土的人

被医学界称为"异食症"、爱吃泥土的人，世界各地不少。原苏联埃文基人喜欢吃一种白色黏土，甚至在炒菜和鹿奶里也要掺和白土，在泰国中部农村也有爱吃黏土的人。有一名叫通裕·扁乍伦的人，15 年来他一直把当地的一种黏土当作每日必不可少的食物。一天吃不上黏土，便感到浑身无力，头脑昏沉，甚至还会大发脾气。他的这种嗜好，是从 3 岁开始的。扁乍伦吃土的方法很有趣，首先将黏土搓成拇指一般粗细的圆柱体，然后晒干烘烤贮备食用。他像人们吃胡萝卜那样，大口贪婪地吞吃着。

吃大头针的人

新疆有一个人本事不小，他每天都吃大头针，坚硬的鹅卵石他用牙一咬就断，用手一拉就折，更不得了的是，他还能把剪碎的红绳子接得天衣无缝，能用目光把毛巾点燃等等。

1965 年 6 月 10 日，在新疆库尔勒市乔依巴克乡河北村牧民依民提家里又出生了一个孩子，叫艾买尔·依民提，这个孩子家中共有 10 个兄弟，他排行第五，和其他兄弟还有周围的人一样过着普通的生活，然而在他 7 岁那年，发生了一件奇怪的事情，他的人生从此变得与众不同。

他说："当时我妈妈不是补衣服吗，她天天让我弄那个针线，然后我气的不行，就把针给吃掉了。"

艾买尔有着和其他孩子不一样的童年，而那些不同不是通过后天修炼得来的。在他的家乡新疆库尔勒有一条美丽的孔雀河，在河里戏水是这里孩子们最开心快乐的事儿。1975 年 7 月 21 日，几个孩子在河边用石头打水漂时，突然其中的一个 11 岁的孩子感觉到摸每一块石头都像捏棉花团一样软，他找了一块鹅卵石，用力一拉，竟然拉断了，他就是艾买尔。12 岁时，调皮的艾买尔经常逃课出去玩，有一次被长辈发现后，想用铁棍教训他，但当铁棍打下去后，不可思议的事情发生了，铁棍变弯了，而艾买尔一点事情都没有。有一次，他擦伤了胳膊去医院包扎，可是医生接触到他胳膊时，却好似被电击一样弹出好几米远。20 岁时，他找来几个好朋友，在新疆进行巡回演出，很快他的奇人奇事在新疆广泛流传。

满身打孔的人

英国人伊莱恩·戴维森一直保持着"穿孔最多的女人"称号。她第一次打破纪录是在 2000 年 5 月，当时她已经打了 462 个孔，其中 192 个在脸上，截至 2001 年 8 月，她全身的穿孔已达 720 个。

2006 年 3 月，英国男子查理·威尔逊和卡姆·玛在森德兰人体艺术节上创造了一段时间内打孔最多的纪录，用时 7 小时 55 分钟在身上打了 1015 个孔。

爱吃蚯蚓的人

英国橄榄球运动员戴·摩根把蚯蚓和蛆视为美餐。一次，摩根被一场橄榄球赛闷得发慌，赛后，他突然拾起一条蚯蚓，吞入肚里。虫身虽然带点泥，但味道绝佳。从此，他便染上吃虫的怪癖。

怪人怪行，他的要求队友和女友玛嘉丽特别通融，让他独个儿进食美味的大餐。

摩根的朋友倒知情知趣，当摩根在球场挑掘美食时，便会静静离开，也免得看这个令人作呕的场面。

馋嘴的摩根正为虫的数量不足而烦恼，他说供应不足是因为其他队员也有同好，所以导致僧多粥少的情况。

摩根梦想着成为世界冠军食虫家，他现在能够一餐吃 30 ~ 40 条蚯蚓。

喜欢吃铁的人

委内瑞拉的毛松，有一个叫拉毛子可尔太的青年喜欢吃铁。他从小就喜欢取铁锈粉吃，而且吃得津津有味，就像孩童吃糖果那样。他几乎每天都要吃一些铁锈粉才舒服，否则就感到浑身不适、乏力。

据当地有经验的老人说，这是因为他的身体有着特殊的机能，每天需要消耗一定数量的铁，如果体内缺乏铁，就会得贫血病。

文身成瘾的人

澳大利亚人戴蒙德·林奇前后花费了 1000 小时在身上刺满了数百种文身，最初他从世界各地收集了各种彩色图案刺遍全身，后来他开始用百分百的黑墨来文身，而且连眼皮、耳朵里、齿龈甚至脚趾间的极其脆弱的皮肤也都不放过。现在他正在用白色文身覆盖黑色图案，将来他还打算在上面再刺一层彩色图案，这样前后加起来，他的皮肤将会被针密密麻麻地刺上 4 层文身。

吃石头的孕妇

妇女在怀孕期间通常会对食物比较挑剔，甚至有一些特殊癖好，这可以算是一种正常现象。不过，如果怀着孩子的准妈妈突然喜欢上了吃石头、泥巴等异物，就有点让人感到匪夷所思了。

而这样的事情的的确确发生在非洲东部的肯尼亚。调查显示，该国首都内罗毕的孕妇大多数有这种被称为"异食癖"的怪病，她们平均每星期吃掉的石头加起来重4吨，可以装满一辆大卡车。

英语的"异食癖"一词 pica 来源于拉丁文，原意是喜鹊。由于喜鹊食性很杂，几乎什么都吃，所以这个词现在被用来指异食癖，即喜欢吃人们通常认为不能吃的东西的一种病症。

这种病常见于儿童，尤其是2～5岁的幼儿。生活中常常可以发现幼儿咬玩具、咬衣襟、啃指甲、咬书本、撕纸，但极少吞食。只有那种吞食非食物性异物的欲望达到不能遏制地步的症状才能称为异食癖。异食癖患儿常常偷偷吞食异物，如在夜间，或独自一人活动时，有机会就吞食。当不让他们吞食时，他们就表现出情绪忧郁，焦躁不安。

如果说不懂事的儿童吞食这些不能吃的东西还让人觉得情有可原，那么成年人也这么干，而且吃的还是坚硬的石头，就让人难以理解。

尼日利亚大学研究人员通过对肯尼亚首都内罗毕普姆瓦尼妇产医院1071名孕妇的调查发现，她们中有74%的人每天都要吃一些在常人看来不属于食物的东西。在这些有异食癖的孕妇中，89.8%的人吃一种在当地被称为"奥多瓦"的软质石头，61.2%的人吃泥土，9.6%的人吃其他东西。这些异食癖者中，同时吃两种或者更多异物的人占62.5%。

事实上，在肯尼亚，嗜好吃石头者不仅限于孕妇，在儿童和非怀孕期的妇女中也较为普遍。

肯尼亚卫生部2004年在该国西部地区进行的另一项研究显示，在接受调查的827名妇女中，有65%的人在怀孕前就已有异食癖症状，怀孕期间大多数人保持了这一癖好，但在产后3～6个月，有异食癖症状的人减少到30%左右。

在产前，有异食癖的妇女平均每人每天吃44.5克"奥多瓦"，产后她们的进食量减少至25.5克。

生吃活蛇的人

山西榆次市什贴村村民孙庆顺，人称"蛇阎王"。

孙庆顺12岁时做羊倌，因羊屡

遭蛇患，遂决心捕杀，久之，竟养成了生吃活蛇的癖好。他吃法独特，先将活蛇拉直，口啮蛇腹把血吸尽，然后大啖其肉。说来也怪，再凶的蛇，一见"蛇阎王"便缩成一堆，任他摆布。一次，邻村辛家庄特聘晋剧名角搭台唱戏。当时观众正看至兴处，突然从戏台角窜出一条6尺长的大蛇，吓得人们大呼大叫。这时只见孙庆顺老汉挺身上前，大喝一声："呔！"那蛇顿如老鼠见猫，蜷缩一团。孙老汉手挥大蛇，左盘右旋，耍了一回；又当众将蛇生吃掉。围观者无不瞠目，名角反而冷了场。

孙庆顺已经65岁了，身体强健，一生未曾择偶。多年来他先后生吃活蛇800余条，其中有剧毒的五步蛇和蝮蛇，从未被蛇咬过。

以吃书为生的人

16世纪时英国有一个妇女每天吃一本书，持续了12年。吃到肚子里的书，足够开一个书店。她曾遵医嘱，停止吃书3日，可在这3天内周身不舒服，好像百病缠身。到了第4天又继续吃书，便精神焕发了。从此她以书当饭，几年中她吃的是平价平装书，丈夫及子女四处为她收购。首先要干净，最好是新书。

她一本正经地把书放在碟子里，左右摆上刀叉，但这只是做样子。吃的时候是撕下一页，又起来放进嘴里。享受之情，犹胜山珍海味。吃了几年，因患病卧床，不能再吃书。她去世后，经医生证实她的患病、去世都与吃书无关。

吃自己手指的人

印度尼西亚一名19岁的女孩身染怪病，从10岁开始啃食自己的手指，现在10根手指都已被吃掉。

这名少女名叫宁西，家住东爪哇省西都文多县古穆克村。自染病以来，宁西的父母一直尝试给她治疗，但医生对此束手无策，只能把女孩的手臂缠上厚布，防止她连手臂也吃掉。

宁西的祖母说，孙女在啃食自己的手指和手臂时感觉不到疼痛，反而会很高兴。

据当地医生介绍，宁西的怪病是由智力缺陷造成的，无法根治。一名精神科医生表示，自残躯体的怪癖可以被列为精神干扰病例，受智力缺陷等先天遗传因素影响，患者脑部神经受到损伤，因此在啃食自己的手指时不会有疼痛感。

全身文满植物的人

据澳大利亚媒体2009年5月2日报道，很多人会选择去世后捐赠自己的内脏器官用于移植或医学研究，然而令人意想不到的是，澳大利亚65岁退休教师杰奥夫却计划将自己的皮肤赠给国家美术馆！

据报道，在过去15年中，杰奥夫在全身文满了至少60种澳大利亚植物的图案，使他的身体看起来就像是一个人体植物园。不过当杰奥夫脱光衣服的时候，不明真相的人一开始还以为他仍然穿着一件花绿颜色的圆领T恤衫和一条花裤子，因为杰奥夫从脖子下面到脚踝处，到处都文满了花花绿绿的植物图案。据悉，杰奥夫给自己身上的文身起了一个名字：一座悉尼花园中的所有鲜花。

杰奥夫表示，他还有一项人皮捐赠计划，决定去世后，将自己的一身人皮剥下来捐赠给澳大利亚堪培拉市的国家美术馆，然后通过常规动物标本保存方法将它保存下来，这样植物文身就可以永久性地在澳大利亚国家美术馆中进行展览。

中弹后产下的婴儿

美国南北战争期间，1863年5月12日，年轻士兵亨利·劳伦斯在密西西比州的一次交战中，被地雷弹片击中阴部，左侧睾丸不翼而飞。此刻，邻近一座房舍中一位17岁女郎——诺尔·塔尼莉也被弹片打伤腹部左侧。这两位受伤人经过约翰·麦考马克医生的治疗，双双痊愈。事情并未就此

结束。278天后，塔尼莉竟然生下一个孩子。邻居议论纷纭。有的说："未曾洞房花烛，必定行为不轨。"塔尼莉满面羞愧地申说自己贞洁无瑕，从未失身。这话当然无济于事，因为辩解违背生育科学。后因婴儿没完了地哭闹，麦考医生再三察看、检查，终于发现了奥秘——婴儿身上隐藏着一块小小的弹片。他经过分析鉴定，断言婴儿身上的弹片就是当年击中劳伦斯的睾丸和塔尼莉左腹部的弹片。他认为，弹片先击中了士兵，尔后带着士兵的精子飞入少女的体内，使她的卵子受精成胎。这时，人们发现婴儿的脸庞很像劳伦斯的面孔。因此，他们都说麦考马克医生的解释合情合理。接着，麦考马克又在劳伦斯和塔尼莉之间穿针引线，使他们喜结连理。

立志变成老虎的人

现年50岁的阿夫纳是美国印第安人后裔，住在内华达州小镇托诺帕。为使自己的外表更接近老虎，阿夫纳不惜花费巨额的金钱用于整形。

阿夫纳1958年8月27日出生在密歇根州弗林特，成长的社区居住了印第安休伦族和拉科塔族人。22岁前，他的生活与普通人无异，上学、服兵役、工作。但一次与部落首领的谈话，改变了阿夫纳的人生。

那名部落首领向他谈起保持传统的重要性，比如印第安人会用彩绘衣物和铁环把自己装扮成本部落的图腾。受此启发，阿夫纳决定当一名"虎人"。

但他说自己并未从"虎人"进程中得到太多乐趣，因为那只是让他向自己的目标迈进而已。阿夫纳的目标是在虎与人之间完美转换，集虎与人两种生物的最美好一面于一身。

他在23岁时迈出走向虎人第一步，请人在面部刺上老虎斑纹文身，此后接受的头部整形项目包括磨尖牙齿、割开上唇至耳下、削尖耳朵、垫高双颊、填充前额、改成塌鼻子且鼻孔冲天等。

每天早晨，阿夫纳还借助铁钉戴上假虎须。为使假虎须一整天不掉下来，他请人把这些铁钉穿透他的嘴唇安装。

依照美国相关法律，正规整形医生不能接受阿夫纳的整形要求，因此他多数整形手术是由亚利桑那州菲尼克斯市的人体改造艺术家史蒂夫·海沃德施行。

阿夫纳身上几乎被各种文身覆盖，还总是穿绿色系衣服。他计划下一步在头顶安装两个不锈钢支架，用以安装假虎耳。

阿夫纳有个印第安名字，叫"潜近的猫"。他在个人网站上写道："我是休伦人和拉科塔人后裔，遵照休伦族一个非常古老的传统把自己变成老虎。作为老虎迷，自然喜欢爬树和每天吃肉，就像真正的老虎会做的那样。"不过，阿夫纳并非一天24小时过老虎的生活。他在居住的社区以修理电脑为生。当"虎人"逐渐出名后，他上过多个电视节目，2007年6月还参加过在纽约举办的"里普利之信不信由你"奇趣盛典。

阿夫纳的宠物是一只猫。谈到自己与周围人的不同，他认为"唯一区别在于我看上去像只猫"。

谈及是否要找个女"虎人"结婚时，阿夫纳说，这虽然有点困难，但并非无法实现。"我现在正与两名女性约会，"英国《每日邮报》援引阿夫纳的话说，"她们理解我当一名虎人比当一个人重要的想法，而这对许多女性而言难以接受。"

尽管阿夫纳自称心理正常，但英国神经病学研究所教授凯文·古尔奈等医生认为，他或许患上一种罕见的躯体变形障碍。这是一种对想象或轻微外表缺陷的先占观念。这一病症患者对自身某一部分非常反感，觉得自己非常丑陋，因而总是想方设法改变。医生认为阿夫纳沉浸在把自己变成老虎的念头中无法自拔。

终年浸在浴缸的人

瑞典人克格连65岁，从20多岁

起，便一直躺在一个大铸铁浴缸中，其食用品均由父母提供，父母去世后，他的亲友继续照顾他。克格连在浴缸中如感到寂寞，就看电视或者读报。他除了上厕所外，43 年来没有离开过浴缸。在此期间，医生经常为他检查身体，他从来没有生过病。

克格连认为，浸泡于水中可使自己青春常在。为克格连检查身体的医生说："克格连已经 65 岁，但看上去绝未超过 40 岁。悠闲的生活方式和在水中浸泡使他减缓了老化，但是他的皮肤失去了光泽，并且皱得厉害。

视老鼠为宠物的女人

有些人看见老鼠会高声呼叫，甚至是绕道而行，但住在英国纳尼顿的 46 岁家庭主妇莎拉却爱鼠如命，在家里养了 40 只老鼠，并将大部分时间花在它们身上。

她每日的主要工作，便是与这些老鼠嬉戏。相信你很难想象把一只老鼠放在面前把玩的情况，但莎拉却喜欢不停地与老鼠作嘴对嘴的接吻，甚至放它们在脸上、颈上或手臂上，让它们任意爬行。

莎拉自豪地说："多年来，我一直将老鼠视作宠物，我始终不明白人们为何那么讨厌和害怕它们。我觉得老鼠是最友善和聪明的动物。每当我见到它们时，便想将之热烈地拥抱。"

莎拉对老鼠的喜爱是始于童年时代，她的第一只老鼠，就是弟弟馈赠给她的生日礼物。自那时开始，她便疯狂地爱上老鼠，自称不能一刻没有老鼠。

她除了自己养有 40 多只老鼠外，有时候也会替一些同道中人暂时照顾他们无空照料的老鼠。她的最高纪录，是一次养有 83 只老鼠。

为怕鼠群因四处走而迷路，莎拉大部分时间是将老鼠锁在笼内，直至她有空时，才将它们放出来活动。这时候，老鼠们便会像刚放风的囚犯一样，从屋前走到屋后，并发出吱吱叫声，并"贪婪地"呼吸四周的新鲜空气。莎拉便最喜欢看到这种情景。

至于莎拉的丈夫，对有这样怪癖的妻子又有什么感受呢？莎拉可算是十分幸运，因为她嫁了一个也是"爱鼠如命"的丈夫。两人在准备晚餐时，通常都会放 1～2 只老鼠入厨房四周蹦蹦跳。

当莎拉夫妇进餐时，就是鼠群最开心的时刻。它们会联群结队地走到餐桌下，然后莎拉便会逐一地喂食物给它们，并喂它们汤水。

在众多老鼠中，莎拉最宠爱的是一只黑白色的小老鼠，她在晚上睡觉时，也会把它带至寝室同眠。莎拉陶醉地说："我临睡前要做的最后一件事，就是和它拥吻，而早上起床的第一件事，也是和它接吻。它真是有趣得很，最爱在床上和我玩捉迷藏，并时常躲在床单内，让我扑来扑去，这是我生活中的最大乐趣。"

"从前我很喜欢带它们到附近的酒吧，然后把它放在我的膝盖上，让它好奇地观看周围的环境。在我饮酒时，它又会好奇地凝望着我，于是我便会用手指沾一些啤酒，一滴一滴地送入它的口中。片刻后，它的毛便会竖起来，而且脚步浮浮，可怜的它明显是饮醉了，虽然如此，它却不会'借酒行凶'，随意袭击周围的人。"

"有时候，我在外出时也会将一只老鼠放在肩膀上，通常路人都会投以奇异的目光，有些看得眼珠子都突出来，最过分的是一些女士们，居然会发出惊叫声，并吓得绕道而行。我真不明白她们是什么心理!"

莎拉扬言在未来的日子里，将会收养更多老鼠。她更呼吁人们对老鼠要有"爱心"，培养"爱鼠的情操"。

替自然界造物的怪人

华德顿是个专玩鬼把戏的英国人。在他 25 岁时，他爬到罗马圣伯多禄大教堂顶把一副手套挂在避雷针尖上。教皇非常生气，要人立刻把手套拿走。可是谁敢爬上去执行这项命令呢? 唉! 解铃仍须系铃人。于是，查尔斯·华德顿带着忏悔之情，再爬上圣伯多禄大教堂取下手套。

这是他第一次引人注目的事迹。此后他遍游西印度群岛与南北美洲，一边考察野生动物，一边收集鸟类标本，归来写了一本畅销书，记述拉丁美洲之游与该地区风土民俗，并被公认为这一方面的专家。

他一再表现自己的英勇。他在南美洲捉到一条短吻鳄，捕法是骑鳄背上，双手紧握它的前足，它给这个柔道招式弄得毫无办法，竟被他拖上岸来。跟着他割断鳄喉，剥下鳄皮。

他在一次远行考察中，为了进行试验，故意把一足伸出吊床之外，希望吸血蝙蝠会趁他熟睡时，来咬他的脚趾。可是蝙蝠不理他，却去咬他的土著仆人。

他回到约克郡寓所后，造了一堵 9 尺高的墙，把自己名下方圆 3 里的私产围起来，变成一个全球最早的野生动物园。

他对博物馆的兴趣浓厚，精于制标本。他所做的鸟兽标本足可装满整座博物馆。

可是他对于大自然创造出来的生物，仍不满意。他把各种鸟兽的不同部分取下，再拼成自己想出来的奇形怪状东西。例如，他制成一件有名的"三不像"动物标本，把一头南美洲红吼猴的脸改得面目全非，使许多人以为是个人头。

他自制的怪物，许多都取了基督教名人的名字。

他的怪诞处远不止此。他喜欢胡闹，往往躲在客厅的台子下，等来宾放下外衣后，就跳出来咬那个惊惶失措的访客。

妻子去世后，他一直睡在光秃秃的地板上，只用一块木头作枕头。每天早晨3点他爬起身读书祈祷，到8点才吃早餐。

其余整天时间，就用于研究野生动物。他活到83岁，如此高龄，仍能攀树观察鸟窝。据一位当时的人说，他爬起树来"像头年轻的大猩猩"。

这个怪人还造了一架飞行机。为了测验这具机器的性能，他想从厕所的屋顶上跳下去，经过朋友和仆人苦苦劝阻，好不容易才打消此意。

他的死也是因为行径古怪。他驮了一块大木头，不料失足受伤，10天后不治逝世。葬礼非常隆重，一队殡仪船护送他的遗体渡过他私人产业内的大湖。他那极有价值的博物收藏，则捐给一间学校。

欲与胡子共存亡的人

美国53岁的保罗·米纳，拥有全世界最长的髭，全长达6尺1寸，如此怪相，天下罕有。

保罗是个货车司机，来往加州运货，开工时需要把八字胡卷起，用发针夹成一束。收工了，回家换衫与妻子外出，解开唇上的胡子，用梳子细梳一轮，拿起喷发胶喷须，然后开动风筒替它吹波，又再梳一轮，于是两撇须笔直地伸向左右两边。美髭功夫耗时达半个钟头。

出门之际，妻子替他开车门，保罗还要侧着身子，让胡子先入，然后在后座车位中间正襟危坐，两撇须竟然顶着两边车门。

最奇怪的是，好多人一见到这胡须就会发神经。其中有一个路人扑向他，嚓地亮出打火机，就想把他的胡须烧掉，保罗拼命反抗始得脱险。

保罗的八字胡已有11年历史，他说："记得那阵我一次照镜子剃胡须之际，突然舍不得下手，很想留长一点的，如今我把它当宝贝，拿多少钱我都不舍得剃了它。虽然它引起过好多麻烦，但又带给我无穷的乐趣，我决定与它共存亡！"

必须倒吊才能学习的人

年仅4岁的小女孩姬玛·史普瑞格斯，每天都要被倒吊起来，这样有助于她学习、写字读书与说话。

姬玛得了一种怪病，使她的脑部无法正常发展，因此她母亲与一群热心帮忙的人，每天都要把她倒吊5次。倒吊时她要穿上特制靴子，并且要使身体摆动着才行。每次倒吊需要5分钟，她就利用这宝贵的机会做许多事，如设法完成一幅拼图，看几页书或写几幅字等，然后大人把她慢慢放下来。

住在莱斯特费波恩路的史普瑞格斯太太说："姬玛很喜欢这样，而且她的语言能力和注意力通过倒吊锻炼都有明显的进步。"这种"颠倒"学习法，是英国脑部受伤儿童研究所特为姬玛设计的各种活动之一。该所发言人说："这个方法可以使脑部得到更多的氧气供应。"

70 年吃土 10 吨的村妇

辽宁阜新一位 78 岁叫郝凤兰的老太太，70 年吃土竟达 10 吨以上！郝凤兰 8 岁那年，突然对自家的土窗台产生了浓厚的兴趣，晚上偷偷地去啃一块块的泥巴，一发而不可止，直到把窗台都啃圆了，然后就去吃墙皮上的土，尤其对炕坯土更是情有独钟，百吃不厌。

23 岁结婚以后，她的"恶习"仍然没有改变，开始丈夫不知道，发现后没少和她生气，日久天长拗不过她只好作罢。就这样，除了粗茶淡饭以外，土成了她每天必需的"食物"，甚至怀孕的时候也没有停止。

医学上称郝大娘吃土为嗜异现象，是一种心理失常的强迫行为。若长期食用，将导致人体消化系统发生紊乱，然而郝大娘 70 年吃土，泌尿、胆道以及胃肠系统基本没有什么毛病，身体各个部位也没有什么不适的感觉，头脑敏捷，手脚利索。

爱迪斯尼胜过妻子的男人

美国宾夕法尼亚州伯利恒市 53 岁男子乔治·赖格从 8 岁首次踏入迪斯尼乐园起，就与迪斯尼结下了不解之缘：他的家被装饰成"迪斯尼风格"，屋中摆满了 26000 多件迪斯尼纪念品。为了表示对迪斯尼动画片的热爱，赖格从 18 岁起就开始在身上文上各种迪斯尼动画主角图案，除了脸部、颈部和双手外，赖格迄今为止在全身总共文满了 1900 多个迪斯尼动画主角图案！

赖格曾是一名邮局员工和业余魔术师，他的绰号叫作"迪斯尼狂人"，在过去 45 年中，赖格每个月至少要逛一次迪斯尼乐园，他去过美国佛罗里达州、加利福尼亚州、法国巴黎和日本东京的多处迪斯尼乐园，单是佛罗里达州的迪斯尼乐园他就光顾了至少 379 次，巴黎迪斯尼乐园则光顾了至少 28 次，东京迪斯尼乐园则光顾了至少 7 次。赖格说："每到一处迪斯尼乐园我都要亲吻那儿的土地，对我来说那就像是圣地一样。"此外，赖格家中的几乎所有用品都和迪斯尼有关，他位于宾夕法尼亚州伯利恒市的家的一处 400 多平方米的豪宅布置得充满了迪斯尼主题风格，屋中摆满了26000多件迪斯尼纪念品。

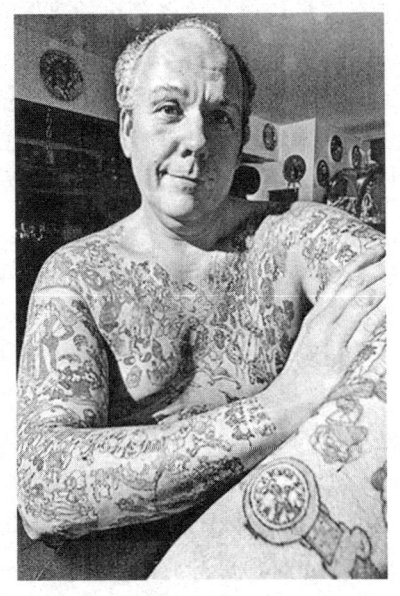

史上最牛迪斯尼粉丝乔治·赖格

赖格身上的第一处文身，是1973年时在前臂文上了《幻想曲》中的米老鼠图案，迄今为止，除了脸部、颈部和双手外，赖格已在全身上下文满了1900多个迪斯尼动画图案，他在肚皮上文上了《木偶奇遇记》中的鲸鱼，在左肩文上了《美女与野兽》，在上臂文上了《爱丽丝漫游仙境记》中的主角，在背部文上了《101斑点狗》，在臀部文上了《小熊维尼》，赖格甚至连自己的隐私部位也都文上了迪斯尼动画图案。据赖格称，他背上文的斑点狗其实有103只，而不是101只，因为文身师当时

文得太匆忙，数错了斑点狗的数字。此外，赖格将迪斯尼动画中的坏蛋都文在了他膝盖以下的部位。

赖格说："我全身90%的部位都文上了图案，其中1400个图案都是在过去10年中文上的，我每个星期都要添上4~5个新文身。我的双手、脸部和脖子并没有文上图案，因为我是一名魔术师。我的所有文身中，有28个文身都文在了隐私部位，这些文身至今只有我的妻子曾经看到过。"

满身迪斯尼动画主角图案的赖格当然吸引了迪斯尼总部的注意，据悉，赖格是世界上唯一一名获准在身上文上迪斯尼图案的人，唯一的条件是他不能上文身杂志，以及靠身上的迪斯尼文身赚钱牟利。赖格希望自己死后也能与"迪斯尼"道具为伍，他希望自己去世后，骨灰能从佛罗里达州迪斯尼乐园中的加勒比海盗船上撒出。

赖格身上的大多数迪斯尼动画图案，都是由美国文身艺术家萨姆·辛德帮他文下的，辛德称，他已经记不清自己在赖格身上文了多少图案，辛德一次接受采访时说："我压根不知道迪斯尼动画片竟然有这么多的人物和主角。"

赖格多年来花在文身上的费用高达15万美元，花在迪斯尼纪念品和迪斯尼乐园中的费用则近100万美元，这意味着他将薪水收入的90%都花在了自己的狂热嗜好上。

由于赖格对"迪斯尼"的古怪癖好，他一生结婚6次，5任前妻都因为忍受不了他的古怪癖好而和他离婚。据悉，赖格和每任妻子的蜜月都是在迪斯尼乐园中度过的。赖格的一名女儿也由于受不了父亲对迪斯尼的狂热，在13岁时就毅然搬出赖格的家，选择和母亲生活在一起。赖格称，他的5任前妻之所以和他离婚，都是因为感到"他爱迪斯尼甚于爱妻子"，赖格说："迪斯尼是我生活中最重要的东西，它排在了我的妻子、我的孩子前面，我理解我的前妻为什么会离开我。"

吞下78件叉子汤勺的女人

荷兰鹿特丹52岁的妇女玛格丽特·达曼因为肚子痛到医院就医。医生给她照X光后发现，达曼胃里有78件各式各样的叉子和汤勺。看到眼前的这一切，医生匆匆把她推进手术室，一件件把这些叉子和汤勺取出来。

一位医生说："她可能患上了某种类型的强迫症，每次坐下来吃饭，她会无视眼前丰盛的美食，一心只想把餐具吞下去。"不过这件事并不是最近发生的，这些令人震惊的图片其实是在30年前拍摄的，不过这是一本荷兰医学杂志首次披露的。该杂志曾向读者征稿，希望能征到一些离奇的医学故事。于是荷兰锡塔德市一家医院的医生把达曼的故事寄给了该杂志。

达曼是当地一家房地产代理商的秘书，她来医院就医时告诉医生说："我不知道为什么自己总有想把银器吞下去的冲动，对此我无能为力。"据医生透露，这并不是达曼第一次因吃餐具接受治疗。他们表示，经诊断，达曼患了一种"边缘性人格障碍"，这种疾病使她总有一股想把餐具吞下去的冲动。然而她从不吞吃刀子，至于为什么，没人能解释清楚。

经过治疗，达曼最终恢复了健康，她表示，对这种心理疾病采取的治疗方法很有效。据《精神病学在线》上的一篇文章说，吞食异物是一个经常被人们谈起的话题。大家经常会谈到异食癖，患有这种心理疾病的人往往渴望吞下与食品无关的东西。这一现象被认为是一种自虐行为，但是由于这种伤害跟那些经常烧或者割伤自己的自虐患者不一样，一般伤害不太明显，因此很难诊断出来。即使知道他们患有这种疾病，但是很难避免他们使用有可能会被吞下肚子的东西。因此如果不接受精神病学治疗，这种行为很难停下来。

灾变奇人

六命人

22岁的罗拔·布尔勒因失业而感到前途暗淡，一时看不开，竟萌生死念。

他买来6罐烈性啤酒及一包强力止痛药，一股脑儿地吞下，晕死过去。怎料数小时后却完好无事地醒来。接着他企图割脉自杀，但厨刀刀锋却钝了，切不开手腕。罗拔只好用父亲剃刀里的刀片，并又晕死过去。可是当他再度苏醒时，却发现已经止了血。他走到厨房，开煤气自杀，但过了半小时，却一点事也没有。于是他再决定用上吊的方式去自杀，但结果弄断了绳子。无可奈何之下，他再次试图用煤气自杀，但15分钟后仍然一点事也没有，除了醒后感到有点酸软外。此时，他终于醒悟了，结束了这段可笑的自杀。

磁石婴儿

法国原子能发电厂的工作人员夏洛特，在怀孕后仍继续在原子能发电厂工作了8个月。结果，由于受放射性辐射的影响，她产下一个"磁石婴儿"——他能把周围的铁、镍等金属物件，吸附到自己的身体上。

为了消除婴儿身体上的磁力，一群专家和医生正在作出种种努力，但迄今仍未有任何结果。

在里昂近郊一间特别的研究所中，参加对"磁石婴儿"进行治疗的专家组长杜基尔博士说："为了婴儿的安全，我们现在已将他隔离。不然，婴儿身体在吸引金属物时，可能会造成伤害。"杜基尔博士指出："在母亲怀孕的8个月期间内，是最容易感受放射能力污染的。"

最先发现婴儿这种异常现象的，是负责接生的产科医生。他说："从产妇生产一开始，我便感到有点异常。当时，我便发现手中的钳子仿佛和婴儿的皮肤粘着，须用力才能扯开脱离。那时，我便感到婴儿体内带有磁气的波动。当婴儿生下被放到盛婴儿的桌子上时，人们发现，一些手术仪器开始朝着婴儿移动。幸好我们及时将这些仪器取出，不然便会对婴儿造成伤害。"

医生们对夏洛特进行了检查，发现她的血液和内脏器官都含有异常高的辐射。

不睡觉的人

印尼巴厘岛有一名叫基杜尔的男子，是一个从没睡过觉的怪人。每到夜深人静之际，他就去看皮影戏，阅读报刊，收听短波广播，学习英文、荷兰文、弹钢琴、玩吉他，以此来打发漫长的黑夜。天亮以后，他照样到田里干活。基杜尔身体健壮，从来没有什么病，他有 18 个子女。基杜尔和睡眠绝缘始于第二次世界大战期间。当时，他作为民防队员奉命看守 4 名日本战俘，5 天 5 夜不敢合一下眼，此后便失去睡眠功能。

救命的胎儿

怀孕 8 个半月的伊芙莲·佩奇，无端被人开枪打中鼓胀的腹部，幸而"腹中块肉"挡住了子弹，救她一命。而更不可思议的是，胎儿于枪击事件后一小时呱呱坠地，虽然子弹仍留在他胸部，但他不仅大难不死，而且没有重伤！

这件令人毛骨悚然的戏剧性事件，发生在伊芙莲上街的时候，一个驾车大汉挑衅地向她腹部打了一枪后，逃之夭夭。

伊芙莲惊魂未定，发觉左腹穿了一个洞，血流如注。原本安静地躺在母亲肚里的小生命，显然被子弹击中了，他的小手小脚不断乱动。伊芙莲不由得急起来，她意识到，必须报警求助，尽快抢救这尚未出世的婴儿。伊芙莲被送到医院后一小时，医生便施行剖腹手术，让她"腹中胎儿"提早降临人间。一组儿科医生接着替婴儿检查，发现子弹穿过其胸背部，弄断一条肋骨，但没有损伤内脏器官。同时，由于子弹接近表皮，所以只需动小手术，便可取出来。

医生说，幸亏婴儿救了母亲的性命，如果子弹不挡住，一定会击中母亲的要害处，那就没有救了。

长生不老的人

罗马尼亚有一位名叫珍妮的美丽妇人，已经 74 岁了，但看起来不过是一位高中学生模样。她有一个孪生姐妹叫丹妮丝，相貌同一般老妇人没啥两样。丹妮丝早已退休在家，行动不便。但珍妮却仍然青春逼人，精力充沛，当她们姐妹在一起时，不认识她们的人还以为她们俩是祖母和孙女的关系。据珍妮说，她在 56 年前遇到一次雷击事件，当时她与丹妮丝一同坐在屋内，突然一个闪电打下来，正击在她身上，自此之后她便一直好像再不会长老，头发至今仍保持少女般乌亮。

珍妮奇特的现象引起了医学界的好奇，他们研究的结果认为，那次雷击的电流可能使珍妮的脑垂体受到影响，而脑垂体是一个主宰人体生长及衰老的组织。

科学家们根据这种理论，在实验室中用动物进行试验，结果，发现效果甚佳。

看来人类似乎有机会发明"长生不老术"，未来发展如何，唯有拭目以待。

不断长刺的人

在丹麦的杰纳尔勃里镇有一个名叫尤克的男人。27岁那年尤克在一次野外旅行中，不小心摔倒在一片荆棘丛中，身上扎满了小刺。让人难以理解的是这些小刺拔尽后却又慢慢地长出一些新的来，几年来，尤克共去了147次医院，拔出3900根小刺，但小刺还是不断地从身上长出来。从此在杰纳尔勃里镇上常常能看到一个身上长满刺的人。

大难不死的人

美国有一位名叫埃尔维泰·亚当斯的29岁的妇女，突然从帝国大厦第86层楼房的窗口向外跌下，一阵惊叫声随之而起。但是没几秒钟，一股反常的向上浮动的强大气流正好把她顶回，并安全地把她"搁置"在原窗口下面约8米外的墙壁突出架上，使她免遭粉身碎骨之难。

惊魂未定，又一阵风速每小时达48千米的狂风，把她吹到这座490米高的摩天大楼的正面，并把她投落在第85层一个宽仅1米的平台上。恰巧隔壁房间里住着安全警卫人员佛兰克·克拉克，听到她的呻吟声后，马上打开窗子，把她拉了进来。埃尔维泰仅受到一些擦伤，皮肉出现几处青肿。她事后欣慰地说："此番大难不死，实在是太幸运了！"

无独有偶，美国有一名叫亨利的青年，被困在垃圾车内，并被当作垃圾压缩了7次，幸而大难不死。

一天晚上，亨利多喝了几杯酒，回家途中见到一辆垃圾车的车门，便进去躺下抱头大睡。当他忽然被震醒时，他发现自己已被抛进车上的垃圾堆里了。接着，亨利开始听到车厢地板有东西在滑动发出声音，他很快便知道发生了什么事，原来垃圾车内用来压紧垃圾的一块铁板正向他压迫过来，将车内的金属罐和纸盒压扁。亨利自料必死，但那块铁板迫近到离他几英寸的地方便停下，然后慢慢移回去。在接着的90分钟内，垃圾车逐个站去收集垃圾，然后把垃圾压紧，前后一共7次之多。亨利头以下都被垃圾包得严严实实，每次呼吸胸部都觉得疼痛。

最后，在收集垃圾中，由于纸盒卡在车顶窗口，清洁工人爬上车顶处理才发现亨利被困车内。救护人员把他救出送医院治疗，幸好，他奇迹般地脱了险，骨骼未断，内脏也未伤。

断头男孩复活

美国外科医生成功地做了一次罕见的外科手术，把一个因车祸而身首分离的10岁男孩蒂莫西·马赛厄斯的脑袋缝合到他的颈椎上，保住了这个男孩的生命。

1990年4月26日，可怜的小马赛厄斯在上学的路上被一辆小卡车撞倒，在地上被拖了5米远，头和身体已经分离，只连着一些肌肉和韧带。在12分钟内，一架直升机赶到现场，把他送到美国亚利桑那州菲尼克斯的圣约瑟医院抢救。因为马赛厄斯的颈部的断面上端有一个很大的凝血块，医生切开了部分脖子才去掉了凝血块，并在颈部植入一根钢撑，将断掉的颈依附在脊骨上，并固定了头部。整个复杂的手术，只用了90分钟的时间。

圣约瑟医院院长说："他的伤势的确极为严重，他的大脑曾一度死亡，那时，我们以为也许返魂乏术了，但转念一想：为什么不做些什么帮他一把呢？为此，医生们进行了讨论。大家想到，他还是个孩子，而孩子的生命力是较强的，便决定试一试。"

手术完成后，主治医生表示，马赛厄斯大部分机能将会康复过来，他可以生存下去，可以走路，但要靠一些支撑，在未来的3个月里，他要戴上一个依附在他头颅上的金属"光环"，这个"光环"用铁棒联结在一种塑胶的小背心上，使头颅定位，直至脊骨断裂的伤口缝合为止。

马赛厄斯的母亲说："他现在已经可以坐起身，可以挪动他的右脚拇指。弯曲左膝，移动手臂及张合嘴巴，当我与他说话时，他默默地注视着我——他已清醒了。最重要的是他能否活下去？但我相信他会成功的。"

类似的手术，在全世界虽已进行了18次，但还没有任何有凝血块的人进行手术后仍存活下来的先例。因此，这个医院医生说："这真是一个奇迹。"

命大如天的人

空难余生一次是万幸，三次就不能不算是奇中之奇了吧？

英国人马克·寇瑞，1989年他43岁，此前7年中，他从生存率最微渺的空难历劫中逃生竟有 3 次之多。

第一次是 1982 年。他和女友应一对夫妇的邀请，搭他们的直升机环岛旅游。就在出行前一天，女友无缘无故地说不去了，他也因此放弃了这次空中旅游。而那对夫妻却驾着直升机共赴黄泉之路。

第二次是在 1985 年，马克·寇瑞上了飞机，乘坐的是螺旋桨小客机，原以为螺旋桨小飞机要比波音喷气机安全，没料到起飞不久就坠入大海之中。这次空难死了 20 人，而马克只在医院里呆了几天便出院了。

第三次发生在 1988 年 1 月 8 日。当他搭机由英国伦敦飞往北爱尔兰首邑伯尔发斯特时，这架波音空中巴士升空才几分钟就起火爆炸了，在震碎了的机身中，马克也只受了点轻伤，而死难者达 44 人。

马克尽管每次都化险为夷、大难不死，但他对飞机的恐惧却与日俱增。他说："我可不希望再有第四次，只想过几年安宁日子。"

会说人话的鱼孩

1991 年初，香港报纸刊登了题为《苏联科学家透露 30 年前惊人发现：海底捞获能言人语的鱼孩》的文章，在文章后面还附印有被捞获的海底鱼孩外貌的照片。现将该文转载如下，以供广大读者研究时参考：

"前不久，苏联列宁科学院的维诺葛雷德博士透露一个惊人秘密：1962 年，苏联一艘载有科学家和军事专家的探测船，在古巴外海曾意外地发现了一个能讲人语的人鱼小孩，它至今仍被安置在俄罗斯的秘密研究机构中。遗憾的是，这个人鱼小孩自被安置进这一秘密研究机构后，就拒绝再讲人语。

"维诺葛雷德博士说，1962 年，苏联有艘载有核导弹的货船，在古巴外海沉没，苏联派出了一艘载有科学家和军事专家（包括维诺葛雷德博士在内）的探测船，搜寻沉船，试图捞回失物。当找到沉船位置，在探测船中用摄影机扫描海床时，却意外地看到了一个有鳃的怪物。怪物像一条鱼，但又像一个在水中游泳的小孩。它有鳃，皮肤粗糙，呈鳞状。它游向摄影机时，只见它用淘气乌黑的眼睛望着摄影机，但转眼又游开了。当时，凡是围在荧屏前见到这个怪物的人，无不惊骇得目瞪口呆。为捕捉这个怪物，他们决定把用来捕捉海底生物的一座实验水槽沉放到摄影机照得到的海床上。没多久，这个怪物再次出现时，果然中计。正当它到水槽内准备攫取鱼食时，船上的工作人员便迅速把水槽吊上了船。为了降低水槽压力，水槽的门是在过了几个小时后才被打开的。槽门打开后，先是听到一声声像海豚似的悲鸣，接着又看到一只绿色小手从内伸出。当把这个怪物拉出水槽，移放到另一座透明的水槽后，大家才更清楚地看到这个起码有0.6米长的人鱼宝宝。它全身覆满鳞片，头部有一道骨冠，它的双眼惶恐地瞪视着人们。维诺葛雷德博士回忆说："当这个怪物把头扬出水面时，忽发人言：'我来自亚特兰蒂斯市，请放了我吧。'博士差点被吓死。怪物说，几百年前，亚特兰蒂斯大陆横跨非洲和南美，后来才逐渐陆沉海底。为适应新的生活，陆上的居民也演进到有鳃和鳞。今天，他们有300万人，居于海底层一个由大理石和珊瑚礁构成的亮晶晶的城市里，而且他们的寿命可长达300岁。更令人吃惊的是，这怪物还宣称，亚特兰蒂斯人会假扮人类，定期浮出水面，混迹于人群中生活，这是为了观察人类，并向他们的当局报告人类文明的进展。鱼孩被载回苏联，并被安置在黑海的一个秘密研究机构内。不幸的是，从此，这个鱼孩拒绝再说话。对于维诺葛雷德博士透露的这个惊人秘密，虽然已引起世界上不少科学家的惊异和兴趣，但是尚未得到苏联官方的证实。"

这个能言人语的鱼孩所说的亚特兰蒂斯是不是远古时外星人在地球上建立的一个文明古国？要知道，亚特兰蒂斯一直是全世界普遍关注并高度重视的一大文明遗址啊！

断指植U盘的男子

据芬兰媒体报道，2008年5月，芬兰男子杰里·查拉华遭遇车祸失去一根手指。当医生得知杰里曾是一名电脑黑客后，建议他在修复手指时安装了一个看不出来的U盘，杰里欣然同意。

杰里的朋友亨利·伯戈斯在博客中透露，杰里是芬兰里希马基市的一位年轻的软件工程师。

2008年5月，开着摩托车在路上飞奔的杰里不小心撞上了一头正准备过马路的鹿，他当场从摩托车上飞出。

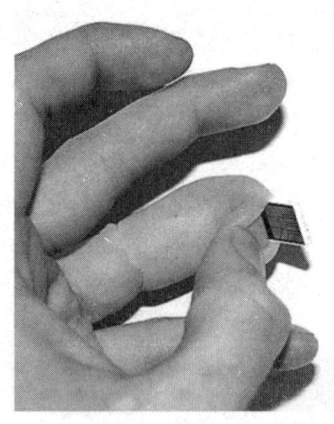

断指变U盘的男子

不过幸运的是，杰里大难不死只失去一根手指，只需要医生对其手指进行修复并安装假指即可恢复正常生活。

不过，就在医生准备为杰里重建矽胶手指的时候，从跟杰里的聊天中无意中得知他是一名软件工程师，曾当过电脑黑客后，医生向他提出了一个新颖的建议：可以在安装假指时顺便植入一个看不见的U盘，杰里当场欣然答应。于是，杰里的指头变成了一个容量为2GB的U盘。美中不足的是，当10个手指伸出平齐时，怪怪的U盘手指十分与众不同。

如今，杰里不仅可以用这个U盘把数据从手指传输到电脑，而且可以把大脑所想，通过电脑传输到手指。目前，杰里对这个U盘手指提出了更高要求，他说："我渴望医生能够尽快帮我升级换代，容量要更大，科技含量要更高，还要装上可移动指甲，使它看起来更漂亮！"

被陨石砸中的男孩

2009年6月9日，德国埃森市14岁男孩盖里特·布兰克离家前往学校上学途中，突然看到天空中一个发着白光的火球正闪电般朝他笔直飞来。布兰克还没有反应过来，那道白光就从他的左手手背上呼啸擦过，将他震倒在地。

紧接着，布兰克听到一声震耳欲聋的轰隆声，等他爬起来时，发现人行道上多出了一个直径约30厘米的撞击坑，坑中还冒出一股白烟。惊魂

被陨石砸中的男孩

未定的布兰克从冒烟的坑中找到了一颗豌豆大小的陨石，他这才意识到自己刚才是被一枚天外陨石砸中了！

布兰克回忆说："一开始我看到天空中一道火光朝我飞来，接着我突然感到手上一阵剧痛，眨眼间，我就听到了一声打雷一样的巨响，这颗陨石从我的手背上擦过，将我震得飞了起来，它的速度仍然快到可以在路面上砸出一个坑。它发出的撞击声是那样响亮，以至于我的耳朵在几小时后仍一直在嗡嗡作响。"

被天外陨石砸中的布兰克非但奇迹般地大难不死，并且只是受到了一点轻伤，这颗豌豆大小的陨石在他的左手背上留下了一道7.6厘米长的伤疤。布兰克说："我将这颗小石头带到学校，我的老师们对它检查后，发

现它带有磁性。"

布兰克随后拿着这颗陨石来到埃森市的沃特·霍曼天文台,请专家对它进行鉴定,11 日晚,沃特·霍曼天文台负责人、天文学家安斯加尔·考特对这块小石头进行了化学鉴定,并确定它正是一枚天外飞来的陨石。

据考特称,这颗陨石飞向地球的速度至少高达每小时 4.8 万千米,是普通子弹速度的 30 倍左右,如果它笔直击中地面行人的脑袋,那么被砸中者绝对不可能活下来,而布兰克只是手背被陨石擦了一下,他实在是太幸运了。

考特说:"这绝对是一颗真正的陨石,对于科学家和收藏者来说,它绝对是一个无价之宝。"

据考特称,一个人被陨石砸中的概率大约只有 1 亿分之一。考特解释说:"大多数陨石都不会抵达地面,因为它们在大气层中就会被烧化和蒸发了;而那些抵达地球的'漏网之鱼',十有八九都会掉落到水里。"

吃辣椒烧成灰的人

一种出产在智利的红色指天椒,颜色非常娇艳,名叫"地狱之火"。人们公认它是最辣的辣椒,只要把它折断放在唇边碰一碰,嘴唇立刻就会肿起来。因此,吃这种辣椒往往是厨师比厨技的一项竞争活动。在墨西哥杜伦高市每年都要举行一次吃"地狱之火"的红辣椒比赛。

这年比赛在杜伦高市一间大酒店内举行,想不到突然发生了意外,参加比赛的墨西哥人甘幕斯,把 12 个红色朝天椒先后送入口中细嚼,然后把它吞掉。5 分钟后,奇迹出现了,甘幕斯忽然张口喷烟,好像在表演杂技一样,但很快就看见他的面容变色,后来他的鼻孔、耳朵也喷烟。更加令人惊恐的是,他的脖颈及双手都喷烟,他似乎被烈焰包围。人们大惊狂叫,打算报警把他送进医院急救,可是已经太晚了,这时他已全身着火,那种火特别明亮,还有一股辛辣的气味。20 分钟后,甘幕斯全身焚毁,连鞋子、肌肉、骨骼也都化作灰烬。

大难不死的跳伞员

英国 36 岁的女跳伞员玛嘉烈是已有 700 次跳伞经历的老手,多次表演空中特技。一次表演中,当她和队友们从 210 米降到 120 米时,一队员做错了动作,使另一队员跃入玛嘉烈的伞中,于是三人的伞缠绕在了一起。当她解开其中一个时,一看高度表已指向 360 米,便紧张起来,急忙拉备用伞绳,可惜没打开。于是她团成一个球样坠地落到机场柏油路面上,骨盆断成 5 块,手脚被跌断,遍体鳞伤。在昏迷的三个星期里，她心脏曾停止跳动。经过数月治疗，她已能靠拐杖行走，身体基本康复，这不能不说是一个奇迹。

冰封 69 年复活的人

1986 年有一支登山队攀上了阿尔卑斯山，当他们经过一条冰河时，发现在冰层中躺着一具尸体。这尸体身穿法国士兵服装，神态如生，就像一个活人熟睡了一样。大伙禁不住惊奇地叫嚷起来。

队长阿比尼觉得这尸体很奇怪，立即派人报告了当地博物馆。博物馆立即组织人力，带着设备，来到冰河，小心翼翼地将尸体周围的冰切割下来。由于尸体太新鲜了，他们也不敢放在博物馆，把他送到了马赛城的医学研究所。所长史威博士不敢怠慢，立即成立医疗小组，并拟定了严密的解冻程序。

经过医生们细致、慎重的解冻之后，过了几天，奇迹出现了，那尸体的身躯竟微微抖起来，接着，他的眼睛、脸部蠕动起来，不多久，他睁开眼睛，惊奇地看着四周。

医生们强压着激动的心情，立即给他作动脉注射，不一会，他的喉咙发出了"咕咕"的声音。医生们忙把他扶着坐起来，他说出了第一句话，"我，我在哪里？"

在医生们的细心照料下他说话、行动开始正常了，并说出了他的身世。

他叫菲力普，是法国步兵团的士兵，在第一次世界大战期间，战斗在意大利、法国的高山地带。那时他才22 岁。在一次急行军中，他掉队了，不慎陷入厚雪堆里，很快就被冻层覆盖了。

大家一算时间，他竟在冰层里睡了 69 年，他的实际年龄已超过 90 岁了。可是，他的体重、行动、面貌仍是个 22 岁的青年。

经过调查，菲力普的妻子、儿子已经相继过世。目前他的孙子、孙女已经 40～50 岁，他的曾孙也已结婚生子，而他比曾孙还年轻，这种亲人关系叫他啼笑皆非。

脑袋里有收音机的人

美国的迈阿密有一个 28 岁的病人，他向医生诉说，他能从自己的头内听到音乐。医生感到诧异，经过检查，证实音乐显然来自迈阿密电台。这个病人是个退伍军人，头内留有约 10 块榴霰弹的碎片。人们认为，那些碎弹片起着无线电接收器的作用，接收电台信号近似矿石收音机。

从坟墓中挖出的活人

秘鲁有一位 27 岁的青年埋入棺中两年后，又奇迹般地与家人团聚了。

该青年名叫尼维杜·柏斯加，又聋又哑。1981 年 11 月，"死"于他的家乡"马度兰度"——一个落后的秘鲁乡村。当时，柏斯加因发热而服用了退热药，这药引起了突发性的短暂休克，以致意识丧失。他的家人误以为他已经死了，只好把他埋葬。就这样，倒霉的柏斯加开始了长达两年多的噩梦。他靠青苔和偶然钻进墓穴中的蜥蜴、蚯蚓、昆虫等充饥，在这不见天日而狭小得没有转身余地的空间，他足足等待了两年多时间。

"马度兰度"地势低洼，附近的河流经常泛滥，所以当地殓葬的风俗并不是将死人埋在地下，而是在地上建成一座坟墓，用石头、小泥沙及砖砌成。柏斯加就葬在这种墓中。尽管每个星期日坟场都有很多来扫墓的村民，但柏斯加又聋又哑根本无法呼救，而用厚厚砂石砌成的墓壁掩盖了坟墓中的任何声响，所以一直无人发觉柏斯加依然活着。总算老天有眼，两年后，一场连续多天的大雨冲坏不少坟墓，工人逐墓进行修理。当他们打开柏斯加的墓门时，几个工人都吓得瘫在了地上，经过好长时间才"爬"了出来。原来他们看见可怜的

柏斯加穿着破陋不堪的入殓衣服，呆坐在自己的棺木上面。他的脸上布满秽物、脓疮及溃烂的伤口，头发和胡子脏得粘作一团。3 个小时后，一位天主教神父知道了这件离奇可怕的怪事，立即跑进坟墓，把柏斯加背了出来。此时，命不该绝的柏斯加这才重见阳光，结束了他两年多非鬼非人的生活，被送到一所医院医治。他和家人在医院又团聚了，在场的人都为他们流下了高兴的眼泪。

哭了半个多世纪的人

巴西瓦伦萨 20 岁的卡门·拉·罗查新婚 4 个月后的一天，丈夫路易斯早上上班之前，恩爱地和她拥吻并说："我爱你，下班立刻回来！"

岂料路易斯再也回不来了，因为下班时 4 辆车连环相撞，路易斯惨死；深爱着丈夫的卡门，惊闻死讯，"哇"的一声哭起来，自此之后，泪闸永远关不住了。

初时，家人们认为她伤心过度，好言安慰。后来她日日如此，持续了很长时间，家人开始感到惊异，劝她说："人死不能复生，事隔这么久了，不要再哭了！"

卡门却哭着答道："不是我想哭呀，而是力不从心，没法不哭呀！"

家人们初时不相信，她妹妹发现卡门竟然在睡觉中落泪，这才觉得不

大对劲，立刻替她找医生医治。医院为她作了各种检查，认为身心健全，没有理由会这样。

半个多世纪以来，哭已变成她生命的一部分了。卡门的家人说："也许，只有到死的一日，卡门才会不再哭！"

遭高压电治愈宿疾的人

高压电流比美国处以极刑的电椅放出的电力还要高7倍，无论谁碰上了都必死无疑。一位名叫巴拉摩的74岁的老电工，在意大利的热那亚修理变压器时，遭到1.5万伏电流的打击。他说："我被打倒在地上，电流引发了火警。消防人员把我从地上拉起来时，我的脸和手上受到灼伤。"但他居然还活着。而且，早年耳炎留下的后遗症消失了，关节炎也不治而愈，腿部骨折造成的创伤也好了，走路时不再感到困难，最令他雀跃的是，"活到44岁，我竟然又找回了20来岁男子时的气概。"

拍摄自己死亡场景的人

1985年9月9日晚上，世界各主要国家电视台都播映了泰国发生军事政变的消息。这次政变，从头至尾只有10多个小时，对于一般外国观众，印象是淡漠的。然而，当人们在荧光屏上看到美国摄影记者尼尔·戴维斯为记录这场未遂政变而中弹身亡的图像时，反响却极其强烈。国外几乎所有报纸都报道了他和他的助手、录音师比尔拉奇殉职的消息，有的电台还播映了有关他们的专题新闻。

戴维斯是在曼谷泰国武装部队司令部附近拍摄叛军与政府军战斗时，腹部中弹身亡的。当他倒下去的时候，手中摄影机的马达还在继续开动，正巧录存了他身亡和录音师比尔拉奇生命的最后一刻在地上爬行的壮烈场面。"自己拍摄了自己的尸体"，这在迄今为止的摄影史上也算是奇观了。

病变奇人

树 人

2008 年，37 岁的印尼男子迪德因患奇症而全身长满"树皮"的遭遇在媒体曝光后引起世界关注，美国医生也为他提供了医疗帮助，然而在手术后不久，被切掉的树皮又慢慢长了出来。医生估计，迪德今后每年都要接受至少两次手术。

据英国《每日电讯报》2008 年 12 月 19 日报道，在多次手术中，医生先后从迪德的手上、脚上切掉了 13 磅（6 千克）重的似疣异物。出院回家后，他一直靠服用合成维生素 A 抑制病情。最初的一段时间，他还学会了用手握住钢笔，打手机，甚至出海打鱼，这对以前手脚都被几十厘米长的树根所遮盖的迪德来说，是完全不可能的技艺。

不过，好景不长。"那些被割掉的树疣又开始出现了"，迪德无奈地对记者说，他手指和脚趾间的缝隙全都被新长出的异物填上了，如今他再做些简单动作还是需要依靠别人的帮助。

一名印尼医生说，迪德还要再接受一次手术，今后每年至少两次。"我们已经告诉过他，这个并不可能痊愈，但生活质量可以得到改善，至少生命不会受到威胁了。"

迪德的噩梦要从他 15 岁时说起，当时，他遭遇一场意外，割伤了膝盖。随后，他的小腿长出一个小疣，并逐渐扩散至全身，成为"树人"。最后，他不得不放弃了建筑工人和渔夫的工作，为了挣钱养家，他甚至参加了当地的一场"畸形秀"。但因为养不起老婆和两个孩子，结婚 10 年的妻子弃他而去。

美国马里兰大学皮肤病专家安东尼·加斯帕里来到迪德生活的雅加达南部的小村庄，对他的病情进行了诊断。经过对迪德血液的检测，加斯帕里博士得出结论称，迪德的疾病是由于人类乳突病毒（HPV）造成的，这种罕见的感染通常会造成患者身体上长出疣，此外，迪德身体上存在一个罕见的遗传基因缺陷，导致其免疫系统降低，这意味着他的身体不能对疣进行免疫。

笑死人

俗语中对好笑的，常形容为"笑死人"。但是你是否知道：世界上确实有笑死人的事。

在新几内亚，有一个地方叫做"被遗忘的世界"，这里住着一个生活仍停留在石器时代的英哥族。他们之中存在一种令科学家摸不着头脑的怪病——笑死症。这种病症已使数千人丧生。最先发现这种怪病的是一个到那里寻金的德国人，他目睹两个土人无端地哈哈大笑而死。若干年后，两个科学家深入此地，被邀请参观部族祭。他们看到一名少女突然狂笑起来，随后挥舞木棍，把一名土人的脑袋击碎。她在断气以前，仍然发出微弱的笑声。

10 岁的老人

四川省泸州市的沙湾，有一个男孩名叫刘昌荣，虽然只有 10 周岁，却像七八十岁的老人。他全身皮肤又松又皱，皮下脂肪很少，浅表的静脉明显可见，头发灰白稀疏。他神志清楚，能读书写字，讲起话来却老声老气。他饭量小，血压高，体力差，上楼便气喘。这种"老化失调症"是医学上极为罕见的病例。有些科学家认为这是染色体有毛病的先天性隐性遗传病。有一些分子生物学家则认为，可能是指导产生脂褐质的某些基因突变失控所致。

无酒自醉的人

日本有个叫河本太子的人，一年四季，总是满口酒气熏人，自感四肢瘫软无力，行动不由自主，像一个十足的醉汉，然而，他并非酒鬼，30多年他没有喝过一次酒。

原来，1942 年河本太子因车祸受了重伤，医院为他动了大手术，缝好了受伤的胃和小肠，保住了他的生命。可是，自那以后，他变成了一个"无酒自醉的人"了。

经过日本医学专家多年的研究和探索认为，河本太子的胃里有一种特异功能——制造酒精。因为在他的胃中有一种和酵母菌相似的细菌，这种细菌通常只寄生在人的口腔和直肠里，不会引起人体的不适。可是，在河本太子进行那次大手术时，这种细菌偷偷地跑到环境舒适的胃里安家落户，并大量地繁殖起来，将胃里的淀粉转变成为酒精，因此，当他每天吃进含有淀粉的食物之后，就发酵成酒了。

像浆糊一样的人

我国台湾省台南新营市6岁男孩张国信，是举世罕见的"浆糊娃娃"。他出生时脚部没有表皮，全身皮肤如同浆糊一般，只要稍受外力搓、碰、撞，表皮即起血泡或脱落，虽经台湾全省皮肤专家会诊，却连病名也说不上来。

小国信有一兄一妹，身体正常，其父母及至上代亲人均无此病前科。

小国信全身皮肤如浆糊经不起外力触击，连口腔内皮也是一样，他的肚脐生水泡治愈后几乎全部填平。

国信对温度的适应也异于常人，冬天脱光衣服还会流汗；他的消化系统也特异，大便每次只一点点，小硬块，食物耗于何处不得而知。

昏后醒来变他人

在非洲一个很遥远的村落里，有一位16岁的少女蒙朗嘉。一天，她跌倒在街头失去知觉，昏迷了7个多小时，醒来之后，突然开口讲起了英语，土话忘记得干干净净，原来熟悉的本村人成为一张张陌生的面孔。

蒙朗嘉所住的村子非常落后，村里又没有电视，只有一两个略略懂得一点英文的教师。这些使她根本不可能用英文"开口成文"。南非一个大

学心理系的讲师带领研究员来到这个村落，细心地对蒙朗嘉进行观察，还三番五次突然在她背后讲土话吓她："有蛇呀！快躲开！"小姑娘竟充耳不闻。他们认为，蒙朗嘉绝对不可能作假。

这位小姑娘从跌倒之后，一直没有找回自我。学校的同学把她当作异客，全村的人对她没有好感。蒙朗嘉对采访她的记者说："我好惊讶，我总觉得我身体里面好像寄生着另一个人，是个死了的英国女子。"

9岁的"老警察"

9岁的埃利森出生于南非，先天患有早衰症，虽然还是个孩子，但看上去却似年过半百，是个名副其实的"小老头"。

由于得这种病的人寿命很短，埃利森的母亲便带他去美国的迪斯尼乐园观光。盐湖城的警察署长听说后，提出让他当一名该城的名誉警察，埃利森高兴地接受了这一邀请，他坐着警车在城里转了一圈儿，然后穿上专门订制的警服，成了盐湖城第236号警察。

与阳光绝缘的女人

32岁的英国女子萨莎·威尔森患有一种怪病，从小与阳光绝缘。最

近，她穿上由美国国家航空航天局（NASA）特殊材料制成的防辐射太空服后，终于可以享受正常人的生活。

可是，太空服一点都不美观，令萨莎看起来就像外星人，这也给她带来了不少尴尬。

萨莎现年 32 岁，埃塞克斯郡布莱恩特里市人，有一名 36 岁丈夫和两个孩子。萨莎出生后就患上罕见的过敏疾病——多形性日光症（PM-LE）。一旦暴露在阳光下，浑身各处皮肤就会长出无数水疱、还伴有恶心和眩晕等症状。无奈之下，她只能每天呆在暗无天日的家中。

即便在家中，她也必须时刻拉紧窗帘，严防阳光进入。童年起，萨莎就被同龄的孩子讥笑为"幽灵"和"吸血鬼"。

一天，萨莎上网时意外找到"救星"：NASA 研制出一种新型材料制作的太空服，可保护宇航员执行任务时免受阳光辐射。尽管太空服 5000 英镑的价格令她望而兴叹，但萨莎还是没有放弃希望。通过各种途径，她联系到专门帮助日光过敏受害者的萨拉·莫迪基金会，并成功地争取到基金会免费向她提供的太空服。

从此，萨莎的生活彻底改变："有了这套太空服后，我终于可以过正常生活，和家人一起旅行，或是在公园里自在地散步。我也终于可以像其他女人一样逛街了。"

由于萨莎打扮怪异，路人都把她当外星人，有一些人被吓得魂不附体。"骑自行车的看到我，吓得从车上跌落，摔得人仰车翻。带着孩子的父母看到我，就立刻把孩子拉到身后捂住他们的眼睛。"一些胆大的则对萨莎指指点点，肆意嘲弄。萨莎沮丧地说："许多人盯着我看，仿佛我是疯子或是有什么传染病。有人还给我拍照，当面冲我哈哈大笑，这实在太伤人了。"不过，相比每日呆坐家中，萨莎还是更喜欢上街逛逛，过正常人的生活。

能预报天气的女人

据英国《每日邮报》报道，英国纽卡斯尔市 29 岁女子莎基娜·罗布森患有一种奇怪的偏头痛毛病，这一毛病每周会发作四五次。只要她偏头痛发作，不久后天肯定会下雨。如果她头痛的程度更强烈，那么还会下大暴雨。莎基娜简直如同一个"活人气压计"，她的天气预测"准确度"和气象台的天气预报员相比也有过之而无不及。

多年前，当莎基娜生下儿子后，她就患上了一种奇怪的偏头痛毛病。最厉害时，她的偏头痛一天就会发作好几次，让她饱受折磨。当莎基娜去看医生时，医生只给她开了一些普通的止痛药，然而这些药物毫无效果，她的偏头痛毛病反而开始变本加厉。如今，莎基娜每天都要服用9颗治疗偏头痛的药片。

虽然"偏头痛"毛病让莎基娜的生活乱了套，但有一天她惊讶地发现，只要她偏头痛发作，不久后天肯定会下雨。如果她的头痛程度更强烈，那么还可能会下大暴雨。莎基娜甚至还能根据头痛程度预测每次雨量的大小和下雨持续时间。

莎基娜一开始以为这是一种巧合，随后她开始记录自己偏头痛发作时间和下雨时间的关系，结果她震惊地发现，每当天快要下雨前，她都会像时钟一样精确地遭遇一次偏头痛发作！如今，莎基娜已经被她的朋友们戏称作是"活人气压计"和"风标女"。

莎基娜靠"偏头痛"来准确预测天气的奇事让医学专家们深感困惑。据悉，一半偏头痛患者都相信他们的头痛毛病是由气温和气压变化引起的，尽管科学家们承认偏头痛和气温气压之间的潜在联系，但气温或气压变化为何会引发偏头痛，却一直是个未解之谜。

一些科学家猜测，气压降低可能会降低人体血液中的氧气含量，从而引起血管扩张导致偏头痛。另外一些医学专家则推测，气压变化可能会影响头骨内保护大脑的流体，从而增加大脑压力引发偏头痛。

被海葬又还生的人

1989年2月26日，一艘巴拿马渔船在百慕大海域作业时，发现一个白色帆布袋在海面漂流，捞上来一看，里面竟是一个活生生的男子。看样子不是很老，可是这位自称是奇恩的男子却说，自己63年前死于癌症。经查找资料，奇恩于1918年移居百慕大，1923年患癌，要求死后海葬，1926年3月24日妻子把他裹在帆布袋中，抛下百慕大以南的海里。他死后如何度过这几十年，他自己一无所知，只是觉得恢复知觉时被人救上渔船。经医生检查，他的癌症已经痊愈。至于如何死而复生，医生无法回答。

世界上最健忘的人

莫莱森从孩提时代起就患有癫痫症，27岁时，他的癫痫症已经非常严重，每天要发作10次轻度癫痫，每周至少要发作一次重度癫痫，他经常会因癫痫发作而昏倒在地。

为了治疗癫痫，1953年，美国哈特福德医院著名前脑叶白质切除术专家威廉·比切尔·斯科维尔为当时27岁的莫莱森实施了一次实验性的大脑手术，他切除了莫莱森的大部分内侧颞叶，包括部分海马状突起和扁桃体颞。然而令人做梦也没想到的是，大脑手术确实减轻了莫莱森的癫痫症，却让他患上了另一种怪病——"深度健忘症"，莫莱森的大脑失去了对任何最新记忆的存储能力！

莫莱森的大脑中仍然保留一些早期记忆，譬如他知道自己的父亲来自美国路易斯安那州西波达西斯市，知道自己的母亲来自爱尔兰，知道1929年的美国股市崩盘事件，知道第二次世界大战，并能记起上世纪40年代的一些生活经历。可是，他的大脑却再也无法记起从那以后的任何事！在接受了那场大脑手术后，他的大脑永远只剩下了20秒钟的记忆，对任何遇到的新事物，他过20秒钟后就会彻底忘记。朋友们开玩笑称，如果跟莫莱森借钱，甚至可以考虑不用还，因为他过20秒钟后就会忘记自己曾借给别人钱。

在过去半个世纪中，莫莱森成了世界大脑科学史上最重要的病人，他配合科学家接受了数百次大脑研究实验，最后终于帮助科学家了解了大脑记忆的许多奥秘。

当时，许多科学家仍然相信记忆存在于所有大脑细胞中，而不仅仅是储存在某个大脑区域或神经器官上。即使莫莱森手术后得了健忘症，许多医生仍然认为这是由癫痫症引发的，跟他的内侧颞叶被切除并无多大关系。直到1962年，科学家通过对莫莱森进行大量测试后才发现，人体的大脑中至少有两个系统用来储存新的记忆，一个被称作"陈述性记忆系统"，它专门记忆姓名、脸庞和新经验，并将它们储存在脑海中。这一记忆系统主要依赖于内侧颞叶区域的功能，尤其是"海马状突起"部分的功能。

另一个记忆系统被称作"运动认知系统"，它是下意识的，主要依赖于大脑其他部分的功能，这一记忆系统可以解释为什么一个人多年没骑自行车后，仍然还会骑自行车；或他们多年没弹吉他后，仍然拿起吉他就能弹出曲调。

美国哥伦比亚大学神经学家埃里克·坎德尔博士说："对莫莱森进行的大脑记忆研究，是现代神经学史上最重要的里程碑之一，它打开了研究人脑两个记忆系统的大门。"

目生"珍珠"的人

上海郊区有一位36岁姓沈的民工因角膜外伤，一年后竟生出一颗熠熠生光的小珍珠。据说，这已是世界第五例。

沈某于深夜，因工作时不小心，左眼被碎砖片溅伤，匆匆到医院急诊。经医生检查，发现角膜有一条长2毫米裂口，在角膜与虹膜间的空隙处（称前房）已有0.1毫米积脓及一株睫毛。于是，施行前房异物取出和角膜修补术。术后又经过一段时期抗感染治疗后出院。约经一年光景，沈某忽然在镜子里发现伤眼内有一颗米粒大小白色石粒，闪闪发光。眼睛张合时，略有疼痛，再次入院。

经医生诊治，确认这是颗虹膜珍珠肿，是外伤性植入性虹膜囊肿之一，在眼科临床极为罕见。其形成过程与蚌珠相似，都是由于活体组织受到外伤或异物进入，使表皮细胞植入相应组织，经过分裂增生，逐渐形成实质性囊肿，并以刺激原为中心，一层复一层地分泌碳酸钙结晶（即珍珠质），或类似珍珠质的病理组织及角质蛋白等而成。

水火不容的双胞胎

据英国《星期日邮报》报道，怀上双胞胎的英国诺丁汉郡 26 岁女子萨拉·盖拉特被医生告知，一种罕见的病状导致她腹中的一个胎儿正在慢慢杀死另一个胎儿。萨拉要么将两个胎儿一起流产，要么冒着生命危险流产其中一个病胎，拯救另外一个胎儿。痛苦的萨拉决定接受手术，杀死一个胎儿，拯救另一个胎儿。

据报道，萨拉目前已有 4 个月身孕，她遭遇的是罕见的"双胞胎逆转动脉灌流综合征"，这意味着她腹中的其中一个胚胎患有先天性器官障碍，没有任何生存机会，可它仍然在

不断成长，从健康的那个胎儿身上吸取血液。如果萨拉继续妊娠，那么两个胎儿都没有任何存活的机会。

英国伯明翰妇女医院的医生将通过"锁眼手术"，终结那个病患胎儿的妊娠，手术可能会导致萨拉腹中那个健康胎儿也同时流产。据专家称，被终止妊娠的那个胎儿仍将留在萨拉的子宫中，但医生称，如果手术成功，这个被杀死的胎儿就不会影响另一个健康胎儿的生命。据悉，"双胞胎逆转动脉灌流综合征"只会发生在怀有双胞胎的孕妇身上，这种病症是如此罕见，每 35000 次怀孕中也许才会出现一例。

上大学的连体姐妹

她们是连体黑人姐妹，姓麦加达，名叫叶凤和伊芙。她们是加州甘普顿市的居民，进入了甘普顿社区大学。她们鼓起勇气上学，亦不顾母亲的反对。她们认为入大学是一件好事，她们也甚为快活。姐妹两人一起在校园中散步时，叶凤说："我很喜欢这里，我等了那么久才入学。"伊芙说："我也是。"起先，她们的同学都难以置信地看着她们，但是不久，奇异的眼光消失了，她们一生头一次被当作人类，而不是怪物。

她们姐妹谈论要入大学已经许多年，但是每次提起这个问题，73 岁

病中的母亲就流泪，怕她们姐妹会被当作怪物看。

叶风说她们是为了母亲着想而延迟入学，而且整天躺在家中看电视，什么都不做也容易些。但后来社区大学寄来一张入学通知，介绍大学内的风光和设备，她们受不住诱惑，但一直保守着秘密，直至要去大学的那一天才告诉母亲，母亲又哭了。3个月之后，母亲看到她们能够适应大学生活，流的就是喜悦的泪了。

在这双姐妹出世时，医生对她们的母亲说应该把她们放进疗养院里。他们也不敢施手术分开，怕其中一个甚至两个都死亡。她们虽然各有独立的脑子，但是相距太近，分割时很可能会变成弱智，或永不能步行。于是分割的企图就放弃了，但是她们的母亲舍不得将她们放进疗养院，还是抱回家来养，而且聘请私人教师教她们。她们非常聪明，学得很好。

大学方面把她们作为特别个案处理，由于她们入学考试成绩很好，终于决定不应该歧视，给她们机会。

专家对她们的勇气与能力都感到诧异。她们初入大学时，发觉最难的就是清早6时起床。她们多年来都太懒，总是睡到中午才起床。伊芙说："我以为我一星期就不能支持了。早上非常疲倦，假如午夜还不上床，第二天早晨就会像死人似的。"可她们渐渐适应了，放暑假时还参加夏令营。

产下"珍珠"的人

日本一位叫美智子的女子，结婚后一年，她经常觉得腹部阵痛和下体出血，相信自己已有7个月身孕，但医生详加检验后，却没发现婴儿的心跳，以为胎死腹中。她接受复杂的剖腹产手术后，医生从她的子宫里找到一颗3磅重的珍珠。医生未能解释确定的各种原因，但妇科专家古要元一相信，可能是因为美智子的身体缺乏吸收钙质的能力。他说："事实上我们并不知道它是否真的是一颗珍珠，它有可能是一团坚硬圆润的钙化物，不过它的外形确像珍珠。"

日饮百斤水的女人

据《神州述异》1985年载，在南京有一位名叫胡任氏的70多岁的老太太。20多年前，她患了一次感冒，发高烧，但不久就痊愈了。不过，她从此又患上了另一种奇怪的病：饮水无度。每天喝多少水也不止渴，一般情况下，她一天喝100多斤水。现在年纪大了，每天还能喝70多斤水。有时在路上口渴，找不到净水，就喝路边的脏水，但也从不拉肚子，不生病。现在她已年过古稀。但身子却很结实，能挑百十斤担子，一顿尚能吃20个麻饼。

不育妇女偏生 6 胎

英国哈德福郡有一对夫妇，几年前曾经被医生证实无法生育，但在圣诞节前竟然生下 4 胎，几个小孩子的哭声此起彼伏，忙得他们两个无法喘气。

这些小孩子的父亲西门，是一个电脑技术员，与他的妻子温蒂结婚已有 11 年。大约 7 年前他们计划生孩子，于是停用避孕丸，希望在短期内有喜讯传出。可一月又一月过去，温蒂仍然没有怀孕迹象。无可奈何之下，他们到医院检查身体，发现西门由于体内的抗体杀死自己的精子，所以温蒂只有 5% 的机会受孕。

最后这对夫妇采用人工受孕方法，生育试管婴儿，终于生下了一名男婴，取名安德鲁。后来为了让安德鲁有一个小弟妹，他们再次接受人工受孕，令人意想不到的是这次竟然生了个 4 胞胎。

产后几个月，温蒂竟然发现自己再次怀孕，这回不需医生帮忙，而是天然受孕。6 个小孩子使这对夫妇手忙脚乱，但他们却一点也不抱怨。

以稻草为食的女童

湖北省公安县孟溪乡三岗村有一个 5 岁的女童，终年以稻草为食，尤其爱吃软的稻草，她一根一根地吃，

一天到晚不停嘴。

这个奇怪的女童出生时和正常的婴儿一样，没有异常现象。但出生后不久，就得了 8 个月的病，病好以后就开始吃稻草了，至今已吃了 3 年多。现在，这个 5 岁的女孩身高 80 厘米，体重 17.5 千克，相貌正常，能走动，不过不会说话，智力也极其低下，她的母亲带她去医院检查，但医生诊断不出她的病因。

眼睛里吐石粒的人

孟加拉国有个名字叫哈丝娜塔拉·查昌的女学生，现已 19 岁了。1986 年 12 月里，她感到左边的眼睛有疼痛感，便用手帕擦拭。她吃惊地发现，从她的眼睛里吐出一些如大米粒大小、圆形透明的小石粒！从这以后，天天都有十几颗小石粒从她的左眼中吐出来。

1987 年 1 月 2 日，哈丝娜塔拉住进了医院。莫塔拉尔贝医生说："这个女学生自入院后，左眼睛里每天都有圆形透明的硬物体吐出来。10 天以来，已经吐出 170 余粒硬物体"。

据医学研究部门说，这是世界上发现的第三宗"眼结石症"。

只能跪着睡觉的人

广西南宁市郊区向阳乡有一名叫

庞凯培的 79 岁老人，他睡觉时总是跪趴在一条叠好的棉胎或毡子上，四季如此，冷时则在背上披一条棉被。

庞凯培的烟瘾很重，一晚要吸十几支烟，他跪睡的棉胎和毡子及床上的席子均被烟烧了很多洞。每天晚上跪睡的时间不长，一般都在 3 个小时左右，其余时间则是吸烟和四处游荡。白天打瞌睡时，也都是跪着。他很想平睡，但不能，因为一平睡就头昏心闷，有几次他跪着睡得模模糊糊，一倒在床上就马上惊醒。

据庞凯培说，他 16 岁那年，到广西宾阳县高田圩帮助资本家看守矿山时得了一场大病，回家治好后开始这样睡觉了，至今已有 60 多年了。由于他长期跪睡，膝盖和手掌结了一层厚茧。他的精神一直很好，也很健谈，一切和正常人一样。

为治病生吞活蛤蟆

在江西彭泽县浪溪镇麻山村有一个名叫朱庆龙的 46 岁男子，他有一个嗜好，就是生吞活蛤蟆。他保留这种习惯已经有 20 多年。

朱庆龙一般到棉花地寻找蛤蟆，先是拔掉几棵棉花树，看土里是否有。有一次他发现了一只冬眠的蛤蟆，他捡起来看了一下，立刻失望地说："这种蛤蟆头尖、皮肤灰色，不能吃，有毒。只有那种皮肤呈黄褐色

的蛤蟆才能吃。"他接着又拔了几棵棉花树，一只比大拇指大一点儿的蛤蟆躺在土里，朱庆龙立刻如获至宝地捡起来。擦干净泥土，往嘴里一扔，一咕噜就吞了下去。

朱庆龙是怎么想到生吃蛤蟆的呢？原来，在朱庆龙 20 多岁时，得了个腰痛的毛病，经过多方求医都不见好。后来，一个老中医告诉了他这个生吞活蛤蟆的秘方。他一试，腰痛病竟然真的好了。"第一次生吞活蛤蟆时，有点反胃，后来就习惯了，再到后来，几天不吞一个，就感觉身上有点不舒服。"朱庆龙说，"现在，我吞活蛤蟆就像吃花生米一样香！"

据统计，他每隔三五天就要吞一只活蛤蟆，一年大约要吞掉 100 来只。当别人问他生吞活蛤蟆是一种什么感觉时，他说："说不清楚，反正感觉很舒服，很爽！"据多方了解证实，朱庆龙生吞活蛤蟆的时间确实有 20 多年了。他的邻居们对此也已经习惯。

剧咳咳出子弹的人

一位在卫国战争中曾经驰骋沙场、身经百战的前苏联老战士，在一阵剧咳之后，吐出了一颗藏在他胸中长达 46 年之久的子弹，从而摆脱了缠绕多年的病魔，感到十分轻松。

居住在莫斯科州纳罗弗明斯克市

的萨波日尼科夫在卫国战争开始后就奔赴前线。1941年他第一次负伤，住院治疗两个月。伤愈后，他又重新投入战斗，参加过斯大林格勒保卫战和解放顿涅茨克等战役，荣获一级卫国战争勋章。在一次重伤后，他于1944年复员回到纳罗弗明斯克市，一直当汽车司机。他时感胸中不适，后病情加重，高烧不退，在医院经多方治疗，效果甚微。一天夜里，他剧咳不止，全身战栗，突然"当啷"一声，一个金属物落在地板上，原来这是他46年前负伤时留在体内的一颗子弹。

日饮25千克水的人

余冠雄为四川綦江扶欢镇长榜村人，25岁。一次，他从该县桥河镇搭乘当地罗姓司机驾驶的私人长安面包车回家。途中迎面撞上另一长安车，他所乘坐的面包车滚下30米高坎。司机轻伤，另一乘客当场死亡。余冠雄醒来时，已躺在綦江人民医院病床上。医生告知，送来时七窍出血，眉骨和左耳骨被折断。

在綦江人民医院住院的他突然闻不到气味，吃东西舌头对苦味没感觉。为检验自己味觉功能是否出了问题，他将几样认为最苦的西药嚼烂吃，还是无反应。

后来他又不想吃饭了，看到饭就有厌恶感。明明肚子饿，可就是只想喝水，水以外的啥东西都没兴趣。他每天都要到医院外的商店买矿泉水和饮料。担心身体出问题，他自己尽量控制饮水量，但还是要每天喝水20千克左右，最多时25千克。

一次因体检被医生要求8小时内不得进水。他称，当时感觉嗓子直冒烟，嘴唇干得出血。检查一完毕，顾不上休息，冲进病房拿起床头旁的矿泉水就往嘴里灌，一口气饮下3斤多。惊得一旁的医生也不断提醒"喝慢点"。

每次肚皮被水涨得发亮，还是感觉渴，口干舌燥，嘴唇起裂口。每天喝下大量水如何排泄？他说，每隔20多分钟就要上厕所，为此每天跑厕所的次数不少于30次，排泄出来的全是白花花的水。"回病房后不到几分钟，又想喝水了！"说话间，他拿起床头550毫升装的"乐百氏"矿泉水一扬脖子喝了个精光。10分钟不到，就饮完了3瓶。余说，只要有水，可以10天不吃饭。为节省费用开支，余冠雄这段时间尽量自己烧开水。

余冠雄除每天大量饮用水外，其他跟正常人没什么区别。喝这么多水却不长肉。他想过吃饭养身体，可端起饭碗就讨厌。

余冠雄缘何成了只喝水不吃饭的"怪人"？内科医生说，他的病症为

"外伤性尿崩"。因车祸伤及下丘脑，引起激素分泌减少，由此使得肾脏重复吸收和保留水分功能丧失，排泄水分越多，造成各脏器所需水量就大。如果及时补充人体水分，生命无碍，否则患者会出现休克和生命危险。

一吃饭就痉挛的老妇

彭定玉是重庆南岸区金堰社区居民。2000年11月，她突然感到身体不适，并发现身上出现大面积疙瘩，奇痒无比，不久疙瘩没了，她却从此卧床不起。2002年初病情恶化，她一吃饭就会全身痉挛不止，折腾得她每晚都无法入睡。

由于难以忍受这种折磨，她只能开始"绝食"，仅喝一些牛奶。渐渐地，牛奶喝下去也会引发痉挛，于是她只能隔三差五地喝，身体实在太虚弱时就去输葡萄糖。

据家人介绍，此前她从未生过大病，而自从得怪病后，原本65千克重的她体重已锐减至30千克。由于全身没有力气，无法下地行走的她只能终日卧床。其间，家人曾带她去医院检查，但未查出病因来。

"我真的很想吃东西，但就是没法吃下去，这该怎么办啊？"她痛苦地说，觉得拖累了全家人。

她卧病在床的这些年里，60岁的丈夫一直照顾着她，每隔一天还要背妻子到社区医务室输液。为维持输液的高消费，左腿残疾的他靠蹬三轮车拉活补贴家用。

"我以前中风时瘫痪在床，多亏她照顾我才能下床行走。现在她病了，我想医得好就医，医不好就照顾她一辈子！"老伴说。

以牙代目见光明的人

42岁的建筑工人人马丁·琼斯10多年前在一次工伤中失明。但是，一次牙齿植入眼睛的手术让他告别黑暗世界，重见光明。这种手术之前在英国已进行不足50次，是使用牙齿的一部分作为人工角膜支撑物。人工角膜来自患者的皮肤。

10多年前，身为建筑工人的琼斯在施工时发生意外，一桶热铝液在他面前爆炸。他全身烧伤面积达37%，必须一天23小时佩戴特殊的连身袜。双眼严重受损，左眼球被摘除，右眼虽然得以保住，却不能视物。诺丁汉的眼科专家曾使用捐献者提供的干细胞，试图恢复他的右眼视力，但没能成功。在布赖顿萨塞克斯眼科医院开创革命性新手术"骨齿人工角膜"后，他才有机会重见光明。在手术中，医生取下患者牙齿的一小部分，修整形状并在中间凿一个洞，在中间的洞内嵌入人工晶体。

这种手术需要把患者的牙齿作为

植入组织，因为医生认为，眼睛可能会排斥"塑料组织"。由于其形状和大小，牙齿被认为是植入组织的最佳选择。所以，医生从琼斯的牙齿上取下一小块。然后从他的脸颊里边取下一小块皮肤，放入他的眼球里，两个月后，它逐渐获得了自己的血液供应，最后，医生把长出新组织的牙齿植入患者眼球。接下来眼中长出部分移植皮肤的组织，来自南约克郡罗瑟拉姆的琼斯第一次看见了4年前娶的妻子——50岁的吉尔。

世上最富有的侏儒

美国佛罗里达州有两个侏儒兄弟，名叫约翰和格哥利。虽然个头矮小却因财富不少而感自豪。小兄弟两人之所以能致富，是因为两人的格言为"认为自己伟大"。

这对侏儒兄弟是世界各地最矮小的富翁。他们都只有2尺高，却昂然好像6尺大汉充满神气，是佛罗里达州炙手可热的地产经纪人，又是全美各地争相邀请的公共演说家。

这对侏儒兄弟从未认为他们的身材矮小而影响他们所负起的重任。他们常说："看吧，不要小看我们，我们会克服一切困难的。"

约翰曾自豪地对人说："我们常到美国各地巡回演讲，因为人们急于想知道我们这两个小人物怎么能在商界这么成功。我们不吝啬地向人们讲述我们的成功之道——侏儒发达史。"

这对侏儒兄弟最近出售了60套房，平均每间6万美元，所赚取的佣金是可观的。事实上，约翰与格哥利兄弟不但做房屋经纪，还推销名牌汽车，近年来，他们也做日本车生意。兄弟两人交游甚广，同政界、影界、财经界以至黑手党人物都有来往。

兄弟两人没有结婚，赚了钱后尽情享受，他们常常结伴而行，一同去参加各种活动。两人虽属侏儒，身边的美女却都是身材标准的。

世界上最袖珍的男人

卡根德拉出生在距尼泊尔首都加德满都约200千米的巴格隆县。英国媒体报道，尽管在不足4个月后就要步入成年人行列，卡根德拉却只有4.5千克重，身高也只有近61厘米。

据他的母亲塔纳·玛雅·塔帕·马加尔介绍，儿子刚生下来时只有600克重，"看上去就像一只刚从蛋壳里孵出来的小鸡"。"我承认最开始因生了这样的儿子感到羞愧，因此根本不愿走出家门，"她对英国《每日邮报》记者说，"不过现在我感到骄傲，一心希望他成为世界最矮男人。"

卡根德拉的父亲鲁普·塔纳·马加尔说，儿子和家人吃一样的食物，但就是长不大，"直到8岁时才会独立行走"。去年，家人发现卡根德拉不再长个儿。

医生迄今无法对卡根德拉无法长大的原因给出解释，但猜测这可能与脑垂体机能失常有关。

世界上最袖珍的男人卡根德拉

2006年，卡根德拉不满15岁时，家人曾帮他申请吉尼斯"世界最矮男人"称号。当时的申报数据说卡根德拉身高约51厘米，体重4.5千克。但是吉尼斯世界纪录认证机构以卡根德拉年龄未满18周岁为由，驳回了申请。

在2009年版《吉尼斯世界纪录大全》中，"世界最矮男人"称号的拥有者是中国内蒙古乌兰察布市化德县20岁的何平平。他于2007年获得这一称号。吉尼斯世界纪录认证官员

2008年3月对他的身高进行复核，测得其身高为74.61厘米，体重7千克。

尼泊尔的热心人士早在2005年成立"卡根德拉·塔帕·马加尔基金会"，除了帮助卡根德拉申请吉尼斯世界纪录，还筹款为他提供医疗和教育费用。据基金会主席介绍，目前卡根德拉一家及其支持者已来到加德满都参加各种社会活动，为他获认"世界最矮男人"造势。

凭借袖珍身材，卡根德拉不仅在尼泊尔国内小有名气，在印度也有一定知名度。当地居民给他取了"小菩萨"的绰号。

谈及自己的愿望，卡根德拉说："我希望自己很快就能成为世界上最有名的舞者……如果我获认'世界最矮男人'，将到美国旅游，那是我的梦想。除了向人们展示我的舞蹈技巧，还会让他们了解我的空手道功夫。"

睡觉时停止呼吸的人

1979年7月，在美国的斯坦福大学附属睡眠障碍门诊所里，有一个前所未闻的失眠患者。他在30年的时间里一直睡眠不好，每天夜里不知道要醒来多少次，睡眠效率极低，所以白天总是感到异常的困倦。数不清的医生为他诊治，他也服过数百种药，但都无济于事。

在这个诊所里，有世界著名的睡

眠专家德门特教授，他和同事们尽管对这个奇特的患者进行了多种检查，仍没有查清失眠的根本原因。一次，他们偶然从患者的妻子那里得到一条线索：病人在睡觉时，很响的鼾声往往会突然停止。于是，在基莱米特医生提议下，医生们把病人睡觉时的呼吸波描记下来，这才发现，患者仅在醒着时才有呼吸，睡着不久呼吸就停止了，大约过了100秒钟之后，由于血氧浓度过低，二氧化碳浓度过高，使患者像窒息一样痛苦地醒来，再过两三秒钟深深地吸了口气，又立刻睡着了；睡了不久，他的呼吸又停止了……这样，一夜之间总要醒来好几百次。

医学专家们认为，这个睡觉时停止呼吸的人，由于他的呼吸中枢活动程度下降得很厉害，几乎达到零，所以呼吸也停止了。但是，只要一醒来，呼吸中枢就能恢复正常的功能。可是为什么呼吸中枢活动程度在睡觉时降低到零？这仍是一个谜。

自己操刀取胆石的人

印尼一个农民用剃须刀片和一把剪刀，把自己身体内巨大的胆结石割了出来。

这个名叫赫曼的农民患胆结石后，腹腔经常感到疼痛，又无钱去医院治疗，于是把自己的腹腔剖开，被

人发现后，立即送到医院将胆结石取出。印尼医生证实这宗病人用最原始器材为自己做手术的惊人事件，认为这不但是医学史，也是人类史上的奇迹。

植物人产后奇迹苏醒

24岁的孕妇芭芭拉于1989年6月遇上车祸，从吉普车上被抛落路面，昏迷不醒5个月之久。她出事时刚好怀孕3个月。华盛顿州圣伊丽莎白医疗中心康复计划主任鲍德罗斯医生表示，他们对芭芭拉一直不存在什么希望。

但是，25岁的丈夫戴维爱妻情深，一直拒绝放弃希望。一直到12月9日，芭芭拉被转到西雅图医院，由于胎儿已8个月大，医生对芭芭拉施行剖腹手术，把婴儿取出。

开始时，负责接生的医生贝尼迪特对产妇的前景并不乐观，认为一个昏迷了这么久的人，永远也不可能复苏，但婴儿刚呱呱坠地，奇迹就出现了。戴维一进病房，像平常一样叫道："哈罗，芭芭拉，戴维来探望你了。"初时，芭芭拉照样躺在病床上，一丝不动。但突然，她转过身来，望着丈夫。这可把戴维吓了一跳。他马上察觉妻子已苏醒了，而且认得丈夫，眼睛似乎会眨动。戴维立即把小儿子西蒙抱到芭芭拉跟前。她立即认

出自己的骨肉。脸上露出喜悦的神色，而且听到孩子的哭声。这可令戴维乐极了——孩子和妻子都回到了他身边。芭芭拉病情好转甚快，不久出院，回家休养。

耳朵里长出稻秧的人

浙江省发现一个 48 岁的男人，从耳朵里长出了稻秧。此人 5 年来一直患中耳炎，去医院诊察，医生从他的耳朵里钳出一棵稻秧，这棵稻秧有一厘米多长，根须扎在他的患耳的耳道深处。几年前，一颗稻粒落入了他的耳中，没有被及时挖出，此后一直感到耳朵不舒服，听力明显下降。科学工作者分析，原来，他的耳中的温湿度正好和稻谷发芽条件符合，因此，这颗稻粒发芽长成了稻秧。

生有"猫眼"的男孩

广西横县南乡镇大化村小学二年级的学生农有穗，有一双神奇的眼睛，瞳孔是蓝色的，灯光照射下还能发出蓝绿色的光芒。而且，他还有一种神奇的能力，在伸手不见五指的地方，能够清晰地看书写字，和白天一样。正如村里人说的，他就像是长了一双"猫眼"，从外观、习性到能力，都和猫一模一样！这到底是怎么回事呢？

猫投胎的传言

农有穗的父亲回忆说，这小孩生出来两个月以后，就有亲戚朋友感觉这孩子的眼睛不一样。最后父亲带他到县城医院看过，当时医生说不要紧，等以后长大，慢慢就好了。

农有穗一天天长大，眼睛却仍然发蓝，没任何变化，不过既不疼也不痒，没什么不舒适的表现，检查视力也都正常，逐渐家里人也就不在意了。

转眼农有穗长到 8 岁，该上小学了。入学第一天，他就引起了班主任老师的注意。刚开始，老师还以为他眼睛有毛病，怕他看不清楚黑板，特意安排他坐在第一排。但是，农有穗不喜欢坐在前排，他找到老师，主动要求换到后面去。

农有穗性格活泼，喜欢和小伙伴们在一起玩，并不觉得自己和大家有什么不同。但是，时间长了，班主任老师还是发现了他的不同之处。如果在室外，阳光稍微强一点，大家看东西都很正常，农有穗的眼睛却已经眯成了一条缝，视力模糊，看不清东西。老师觉得奇怪，这孩子到了晚上，视力又怎样呢？结果农有穗跟同学们晚上去捉蟋蟀，大家都带着手电筒，只有他不带，他说自己不用电筒也能看见。同学们用电筒一照他，不由都怕了，纷纷说他的眼睛是猫眼。

渐渐地，大家都开始觉得农有穗的眼睛确实与众不同。

父亲农仕华也开始留心孩子。他发现，农有穗平常总是喜欢去黑暗的角落，或者是灯光昏暗之处，但看东西仍很清楚，而且两眼发出寒光，确有几分怕人。而且，孩子喜欢晚上出去玩，四野漆黑，伸手不见五指，山路崎岖不平，他却跑得飞快，从来不怕摔倒。

村里人对这件事议论纷纷，一个迷信的说法在悄悄流传：这个孩子是一只猫投胎，所以才长了这么一双眼睛。

难道，农有穗真是像猫一样，有神奇的夜视能力吗？

考验夜视能力

有人曾经现场测试过农有穗的"猫眼"。他们把楼梯间蒙上一层被子，挡住光线，然后让农有穗钻进去。外面的人在纸上写下题目，然后带进去，让农有穗做，结果他都成功做了出来。而且，在用来组词的小空格里，他都能准确地填上文字。人们为了印证农有穗的"夜视眼"，让农有穗钻进厚厚的被窝里，然后塞进去一张"黑桃Q"扑克牌，农有穗马上准确地叫了出来。众人接连塞进几张不同的牌，他都能准确无误地说是什么牌。随后，大家又来到一间黑屋子里，把手上拿着的几张钞票给他辨

认。其他人都看不清他的面孔，但他却能准确地从人们手上把钱取走，并确切地说出了每张钞票的面额。

从那时起，农有穗的"猫眼"就更加名声在外。

猫昼伏夜出，跟同属猫科动物的虎、狮、豹等一样，都有一个引人注目的特点，那就是眼睛：黑夜中视物如同白昼，还闪闪发光，像宝石一样。猫科动物的眼底都有一层反射膜，由金属元素锌组成，就像一面反光的镜子，即使很微弱的光线，也能被捕捉到，重新反射到视网膜上，更加提高夜视能力，这也是猫科动物眼睛发光的主要原因。

中国农业大学动物医学院专家说，猫科动物的视杆细胞比较发达，可以达到上亿个，人类才一百多个。因此，在黑暗的光线下，猫科动物能看清楚物体，视物能力比较强。而人类在微弱光线下虽也能看见一些东西，但基本只是轮廓，很模糊。

但是，农有穗的眼睛为什么异于常人，在黑暗中视物呢？

为了揭开谜底，我们又对农有穗做了一次实验，在村里找了间没有窗户的库房，把灯拉灭，门关紧，屋里就漆黑一团。测试开始，先把题目写在纸上，然后在黑暗中把纸交给农有穗，让他逐一辨认，在这种一点儿光线都没有的情况下，结果农有穗的夜视能力就没以前那么神奇了，难道他

是紧张而发挥失常了吗?

这时候,在场的医生说出了自己的判断:从对这个小孩的观察,以及进行的实验来看,可以判断他不是夜视眼,因为在完全黑暗没有光线的时候,他也看不出纸上的字。而当屋顶有一点儿微弱的光线透进去,他才能看见纸上的字。

不过医生还是承认,这个孩子的暗适应能力特别强,远远超出一般人。平时人们由白天突然进入到一个暗室里面,会发现什么都看不见,等到在里面待了几分钟后,才会慢慢看清周围的一些物体轮廓,这叫暗适应。把一个人长期关在黑暗牢房里,他的暗适应能力就会大大增强。还有一种叫做明适应,比如在汶川地震中,被掩埋的伤员抬出来,都要蒙上眼睛,那就是因为他们已经有了暗适应,瞳孔也放得很大。猛一接受强光刺激,轻则短暂目盲,浑身麻痹,重则永久失明。

那么,农有穗到底是属于哪一种情况呢?

揭开"猫眼"之谜

为了弄清这种夜视能力从何而来,农有穗被带去了广西民族医院,请专家检查。该医院的眼科主任有20多年眼科临床工作经验,但他也说,自己从没见过这样一双会发蓝光的眼睛。

经专业检测,专家发现,农有穗眼球虹膜上的色素细胞缺乏,他的瞳孔因此看上去呈蓝色。西方白种人的蓝眼睛只是虹膜色素细胞比较少,而农有穗的眼睛,不仅虹膜色素细胞缺乏,就连后面视网膜上的色素细胞都没有。农有穗白天在室外感到光线刺眼,就是这个原因。

根据眼底图像,专家确认,农有穗是患有一种先天性的眼型白化病。

眼科主任说:"我们经常看到有些人的头发是白的,皮肤也是偏红偏白的,眼睛也是蓝蓝的,这是因全身色素细胞缺乏引起的,而农有穗的色素细胞缺乏只发生在眼部,全身其他地方都没有。"

眼睛上的白化病,会使人增强夜视功能吗?专家推断认为,农有穗应该是习惯于在比较暗淡的光线下视物,暗适应更快一些,感光更加舒适,但是暗视力应该并没有增加。为了证实自己的判断,他安排农有穗去做视力检查。首先是明视力,结果农有穗的视力为1.0。然后,关掉光源,在完全黑暗的屋里检查暗视力,发现农有穗很难进行正常辨认。

不过医生也说,农有穗更习惯于在暗淡的光线下视物,且比常人的适应能力更强些,所以在黑暗环境下看东西的能力确实比常人要强。

根据人们对猫等夜行性动物的研究,这些动物在黑暗中行动,其实也需要一些微量光线。它们的特殊视网膜能把这些光线聚合起来，提高光线的利用率，以增加夜视能力。这跟农有穗非常相像。

只是，农有穗的特殊眼膜被医生认为是一种先天性的遗传缺陷，目前医学上并无有效的治疗方法，只能在强光下佩戴太阳镜，避免直接光线刺激。不过，让农有穗父亲感到安慰的是，这种病倒不会对农有穗的成长发育造成不良影响。

皮肤里长金属丝的女人

诺斯延德赫是名幼儿园教师和孩子母亲，来自印度尼西亚东加里曼丹省桑加塔市。近20年来，她饱受一种举世罕见的怪病折磨。自从1991年起，她便开始出现一种奇怪的症状，一根根金属丝状异物从其胸部和腹部的皮肤"破肤而出"。

头一个星期过去了，这些金属丝纷纷自行脱落，消失得无影无踪。然而仅仅一个月之后，它们竟然卷土重来，并且朝着垂直于皮肤的方向越长越长！家人曾经试着帮助她将身上的"铁丝"剪掉，可是它们就像是野草一样，一个地方的刚刚消灭，很快又从她身上另一个地方冒了出来。

诺斯延德赫的怪病经媒体曝光后，迅速轰动了印度尼西亚全国。一些将信将疑的人们认为，这也许只是诺斯延德赫本人的"自虐"行为。一些迷信人士更是认为，诺斯延德赫肯定是被什么仇人施了"巫术"。

诺斯延德赫的病例震惊了印度尼西亚卫生部，卫生部随即派出4名顶尖医学专家，为诺斯延德赫集体会诊。结果他们一致认定，这是一种自然的生命现象。可是专家们在尝试了各种方法之后，依旧对这种怪病束手无策。

医生们随后对她的腹部进行了一次X光检查，结果发现里面竟然暗藏着40多根金属丝。它们有的锈迹斑斑，有的尖利无比，长度在10～20厘米不等，其中一些已经冒出了她的皮肤。

为了给这些游离状的金属丝准确定位，医生拿来一块磁铁在诺斯延德赫的腹部上作扫描检查。让人匪夷所思的是，先前暗藏其中的金属丝此时竟如雨后春笋般冒了出来，而患者的腹部居然丝毫未出现肌肉痉挛和出血的症状。据诺斯延德赫介绍，她只感觉到腹部有针刺般的疼痛感。

诺斯延德赫腹部上的金属丝呈持续疯长状态，丝毫也没有脱落迹象。而每当这些金属丝碰撞上了其他东西，都会给她带来钻心的疼痛。为了避免这种情况，她在直立行走时必须小心翼翼地弓起背部。虽然丈夫和孩子对诺斯延德赫的状况十分同情，只是目前没有人能够帮助她减轻痛苦。

创"最痛苦纪录"的人

英国人埃·雅各斯格49岁时共接受324次外科手术，成为世界上接受外科手术最多的人，被载入《健力士世界纪录大全》。

雅各斯格1岁时，突然出现窒息现象，送到医院后，医生为他切除了气管内壁长出的一块赘肉。此后，他每隔两周，就需要接受一次外科手术。第二次世界大战期间，麻醉药极为缺乏，雅各斯格多次让护士把他紧紧绑在手术台上，在未经麻醉的情况下接受手术治疗。

雅各斯格20岁时肺部受到感染，又作了肺叶切除手术。这位创造"最痛苦纪录"的英国人曾因永远无休止的手术产生厌世的念头，但他终于顽强地生存下来。

白痴天才丹尼尔·塔米特

美国曾有电影《雨人》向世人展示了一位"白痴天才"的神秘世界。由于大脑处于一种非常神秘的混乱状态，"雨人"在一些方面拥有超乎常人的天赋。但在其他方面却非常低能。

美国哥伦比亚广播公司CBS的"60分钟"节目曾采访了另一位"白痴天才"——英国小伙子丹尼尔·塔米特。丹尼尔在数学和记忆方面拥有与众不同的天赋，但和其他"白痴天才"不同，丹尼尔在日常生活中并没有明显的智力缺陷。而更令科学家感兴趣的是，丹尼尔能够形容自己思考的过程，他可能成为科学家解开大脑之谜的钥匙。

像"雨人"和丹尼尔这种智能低下却又在某方面拥有惊人天赋的人，被称为"白痴学者"或"白痴天才"，也就是"孤独症学者"。

科学家估计，世界上目前大约有50位真正的"白痴天才"，而27岁的英国小伙子丹尼尔·塔米特和其他"白痴天才"都不一样：他吐字清晰、非常自信，拥有"白痴天才"所特有的天赋，却几乎没有什么明显的缺陷。制片人给丹尼尔提出了一个几乎不可能完成的任务——在一个星期内学会一门外语，而且是被公认为世界上最难学的语言之一的"冰岛语"。

于是，丹尼尔在冰岛住了一个星期，在一位老师的指导下进行学习和练习。一周后，当丹尼尔出现在电视节目的直播现场时，主持人说："我真是太惊讶了。他回答了我们的所有问题。有人能在一个星期的时间里就学会了我们的语言，这真是太棒了。"

丹尼尔在数学上的天赋是令人震惊的。如果问他4个31相乘等于多少，他能马上说出正确答案——

"923521"。当 CBS 的记者在采访时说："我出生在 1931 年 11 月 8 日"时，丹尼尔马上接道："1931 是一个质数。你出生那天是星期天。今年你的生日是星期三。"

除了惊人的数学计算能力外，丹尼尔的记忆能力也是普通人难以想象的。

丹尼尔第一次震惊全世界，是在牛津大学表演背诵圆周率。在那之前，丹尼尔只花了几个星期进行准备，他说："我坐下来拼命记这些数字，一次就可以记住好几百个。"当他在几周后出现在牛津大学时，他那惊人的记忆能力就像冲出水闸的洪水一样奔流不息：在 5 个小时里，丹尼尔一共背出了圆周率小数点后面的 22514 个数字，而且一字不差。

拥有惊人天赋的丹尼尔之所以被归类为"白痴天才"，是因为他在小时候就被诊断出患有艾斯博格综合征——一种轻度的自闭症。

丹尼尔回忆说："我高兴的时候经常会拍手，或是抓自己的手指和嘴唇，结果小朋友看到了就会学我的样子笑话我。我就会用手指塞住耳朵，迅速地算 2 的倍数。2、4、8、16、32、64……"他说："数字是我的朋友。它们很可靠，能让我信赖。"

如今，自闭症在丹尼尔身上还会时有表现，"如果大街上有很多人的话，我会觉得在那里走路很难。如果周围很吵，我会用手指塞住耳朵。"这种焦虑感使他非常恋家，他不能开车、很少出去买东西。而且，对他来说，海滩是一个可怕的地方，因为他总会情不自禁地想数沙粒。每天早上，他都会严格测量自己的麦片粥重量——总是 45 克，从来不多，也从来不少。

幸运的是，丹尼尔并没有像其他"白痴天才"那样，完全缩到自己神秘的自闭症世界里。丹尼尔认为，是自己的大家庭逼迫自己学会了适应。他说："我的父母有 9 个孩子，他们总是有很多事情要做，所以我意识到必须为自己做点什么。"

丹尼尔的记忆能力是非常罕见的。美国加州大脑研究中心的拉曼坎德兰博士在对丹尼尔进行详细的测试后表示："他让我感到非常惊讶，他的表达很清晰。人也很聪明，他既可以进行社会交往，又可以对自己的能力进行反省。"

这种自我反省能力在"白痴天才"中是非常罕见的，由于丹尼尔能描述自己的大脑是如何工作的，因此他对于研究大脑的科学家来说，简直是无价之宝。拉曼坎德兰解释说："大脑如何进行运算——比如，我们是如何计算出 17 减 9 的结果的，这至今还是一个未解之谜。人类大脑中那些细胞究竟是怎么做出这些计算的？我们对此根本无法解释。"

丹尼尔解释说："我在大脑里看见的数字是有颜色、有形状、有质地的。所以当我看到一长串数字时，它们就会在我大脑里组成一幅幅图画。10000以下的每一个数字，我都能用这种方法看到它们，每个数字都有自己的颜色、形状和质地。从某种意义上来说，它们都充满了生命。"

丹尼尔的妈妈詹妮弗从来都不觉得儿子是一个神童，只是觉得他从小就有些与众不同。詹妮弗回忆说："他总是不停地在数东西。我觉得，他对那些书产生兴趣，都是因为被书上的数字吸引住了。"

一人饮酒两人醉的连体兄弟

江西南康市石排上村的连体兄弟生于1887年，1956年12月24日，当时近70岁的刘圣堤因为患了肺结核，两人来医院就医时，医生发现他们胸前有一个拳头大的肉球相连，两人到哪里都是在一起，当时医院因为各方面原因没有马上给刘氏兄弟做连体分离手术。

1957年4月27日，因为刘圣堤病危。医院给连体兄弟做了分离手术，手术也很顺利，兄弟两人成功分离。工作人员介绍，这起分离手术是北京协和医院做的首例连体人分离手术，也是中国医学史上记录最早、最完整的连体人手术。手术后4小时，

刘圣堤去世，而刘圣阶活至1966年，年近80岁。

医学认为连体婴儿是一种极为罕见的妊娠现象，属于先天畸形。连体婴儿是由单独的一个受精卵分裂而成。与正常的单卵双胞胎妊娠过程不同的是，受精卵因为受到外界的刺激而没有完全分离，局部分离的受精卵继续成熟，结果便形成了一个连体的胎儿，如果受精卵正常发育的话就会形成一对双胞胎。连体胎儿的概率是5万次到10万次怀孕中有一例发生；大多数连体胎儿在胚胎期就死亡了，能分娩下来的约为20万例中有一例。一对连体婴儿具有相同的染色体核型、同一性别，血型、毛发颜色、指纹等均相同，刘氏兄弟是属于胸部连胎的连体人。

这起分离手术非常了不起，在当时的情况下，这种手术是很难做的，做连体手术的最佳时间一般都是在婴儿出生后3~5个月，像刘氏兄弟这种情况确实很少见，连体人在长大后，骨头基本上发育成熟，手术的难度也会相应增大。

主治医生陈其民说其父亲也曾接触过这对连体兄弟。1949年，陈其民的父亲陈世葵在大学读书时，他的一位同学从江西给他寄来一张"奇特"的照片。在这张黑白照片中，两个头戴瓜皮帽、身穿马褂的瘦弱男子并排站立，他们面貌相似，靠得格外

紧，各有一条手臂互相搭在对方肩膀上，他们肋骨侧面相连。照片背面竖写着："江西南康双体怪人世荄兄雅存"。

原来，陈世荄大学学医，而那个同学一次偶然的机会在南康市的大街上看到这对连体兄弟，这对连体兄弟小的时候被乡邻鄙视、嘲笑，长大后也因为身体的原因无以为生，为了混口饭吃，他们被迫在街上卖艺，陈世荄的同学想到了学医的他，特意寄了照片给他，让他研究保存。

在南康市地方志的记载中，也有着刘氏兄弟的故事。在南康市，很多人都听说过连体人的故事，市志上也有连体兄弟的详细记载。

刘圣堤、刘圣阶是南康市的连体奇人，出生时胸部相连，他们的母亲在他们出生的时候用线扎缚胸前相连的肉球，希望两个人能够分开，但是两人只过了一会儿就血脉不通，奄奄一息，他们的母亲只得罢休。两人以高矮分兄弟，刘圣堤为兄，刘圣阶为弟。兄弟俩有两头、两心、四手、四脚，能互相说话。

连体兄弟一人饮酒时，两人皆醉；一人生病时，两人憔悴；两人常是比肩而坐，挽肩而行，走得也很快，并且能过独木桥，能走田间小路。农忙耕作时，兄弟两人一人扶犁，一人牵绳赶牛；纺纱时，一人摇纺车，一人拿棉絮；打猎时，一人端

铳，一人点火。刘氏兄弟小的时候，有时与别的小孩打架，他们四手四脚齐用，常能击败对方。

刘氏兄弟家原来极其贫穷，8岁时，刘氏兄弟由父母带往各地展出赚钱。9岁时，他们的父亲与上海一公司老板签约赴美、英、德、意等国展出，让外国人租进游乐场所卖艺，几年后就挣了不少钱。1903年，他们兄弟两人回国，购置良田25亩，建房两栋13间。1906年。两人又双双结婚，随后到全国各大城市卖艺。抗日战争爆发后，他们回家务农。抗战胜利后，又到全国各地卖艺赚钱。新中国成立前夕，两人返回家乡。

刘圣阶的侄子刘孔津与连体长辈一起生活过。刘孔津说连体兄弟是一起行动，一起睡觉，两个人形影不离，脾气也很好。很小的时候，连体兄弟开始在南康市各个地方卖艺表演，后来还去过东南亚、欧美等地，挣了钱之后又回到家里娶妻生子。

每天打喷嚏 12000 次的女孩

美国女孩劳伦·约翰逊外表看上去是一个正常的孩子，其实她患有一种怪病，每分钟要打20次喷嚏，每天一共要打12000次。

劳伦来自美国弗吉尼亚州，这种不停打喷嚏的症状始于一次感冒。劳伦不能上学，甚至连吃东西都很痛

苦，唯一让她感到轻松的就是晚上睡着后。劳伦的病情让医生们束手无策。在接受美国节目秀的 5 分钟采访期间，劳伦打了数百次喷嚏，每隔几秒钟，她说话就要被打断。劳伦现在有了个绰号"祝福女孩"，她说自己停不下来。劳伦表示，自己没有疼痛的感觉，只是感觉不舒服。

劳伦与母亲林恩一起出现在节目秀中，希望能够找到治疗她这种不停打喷嚏怪病的人，她称自己感到很痛苦。劳伦的母亲已经找了不同的医生为劳伦诊断，试用了 11 种不同药物，但是都没有效果。只有到晚上睡觉时，劳伦的喷嚏才会停下来。无奈下，她们来到电视台做客寻找专家帮助。

劳伦说，她甚至尝试催眠，但依然没有用。劳伦还去看了心理学家，以找出是否某些心理因素引发了这种病症。专家们认为，劳伦应该不是患上"机关枪喷嚏症"，而是一种"心理性紊乱"，可能是压力太大引起的。

靠 11 根钛棒支撑身体的少女

17 岁的卡特莉娜·伯吉斯在遭遇车祸后，脖子、背部骨折以及其他多处受伤，在初步检查了她的伤情之后，医生告诉她说也许再也无法正常行走。在救治过程中，医生在卡特莉娜的体内总共植入了 11 根钛棒以及数十根螺钉和别针，用于固定碎裂的骨头。几个月后，这位"女金刚"奇迹般康复。令人欣慰的是，伦敦顶尖模特经纪公司从网上获悉卡特莉娜车祸后坚强不息、奇迹康复的消息后，主动找上门来与她签约。

卡特莉娜是在自己的家乡多塞特郡韦茅斯市驾车旅行时不幸驶入沟渠，导致后背骨折、双侧肺脏穿孔，盆骨、脖子、左腿和肋骨等多处骨折。萨默赛特区塔顿市姆斯格罗夫公园医院的医生称，如果不通过手术帮助固定她的骨头，她的脊骨损伤可能会继续恶化，甚至危及生命。

在被送到医院的第二天，医生就在她的左腿上从髋部到膝盖插入一根钛棒，钛棒由 4 个钛金属别针固定。一周后进行最危险的手术。医生切开了卡特莉娜的后背，然后并列插入 6 根水平方向的钛金属棒，用于支撑她断裂的脊柱。又过了一周，医生在她的脊柱顶端又插入一枚螺钉，用于支撑她因骨折而脆弱不堪的颈部。这次手术后的第二天她就能迈出自己受伤后的第一步。5 个月后，卡特莉娜奇迹般康复，甚至不再需要服用止痛片。

异变奇人

鱼形人

我国台湾省台南市一家妇产科医院为一名年轻妇女接生产下两名畸形婴儿，其中一名为举世罕见的"人鱼体"，男女莫辨，犹如"美人鱼"形状，但只活了6天就死亡了。另一个先出生的男婴，因横隔膜疝气严重畸形，当晚即死亡。

这名"人鱼体"畸形儿，从腹部以下，下肢完全粘结在一起，无生殖器官与肛门，腹部肿大如鼓，呈现腹水现象，上肢则完全正常，身高体重与正常婴儿无异。该产院院长表示，此类畸形儿在世界文献中，40年前仅德国曾发现一例，其他国家未有记载，故真正原因未能弄清。

由于产妇家住台南市湾里附近，畸形胎可能与燃烧废五金产生的毒素有关。

鸵鸟人

这里说的"鸵鸟人"是每只脚上只生两个畸形趾的人。

古希腊地理和历史学家斯特拉波在其不朽著作《地理学》中，就提到过生活在中非的阿比斯多达克季尔人，他们的脚掌就像鸵鸟足。

以后，古代和近代的不少图画和文字，也涉及过这种脚形古怪的畸形人。

白人中首次跟踪并打死大猩猩的美国人久沙伊，在其1863年完成的著作《中非旅行和冒险》中曾这样描述："加蓬中部到处可见'鸵鸟人'。"

许多年过去了，时间到了20世纪60年代。1960年，有份英国报纸在《前往非洲寻找两趾部落》的标题下重提"鸵鸟人"，立刻在世界上引起轰动。2月4日，该报记者前往非洲南部人迹罕至的赞比西河流域寻找两趾人。

起初，人们以为这纯属天方夜谭。但记者继续报道：两趾人生活在赞比西河峡谷，行走如风，靠吃野菜和野蘑菇为生，有人在离费拉迪不远的姆纳塔峡谷，曾见到两趾人，他们中男人身高不超过1.5米，不少人坐在树上，生人靠近时就惊慌失措地逃跑。当地人误以为"鸵鸟人"是巫神。

对此，著名美国古生物学家约翰·杰斯蒙德·克拉克提出了自己的不同看法。他认为产生两趾人完全可能，当地人穿的窄凉鞋是造成两趾人的原因。

后来，一位叫奥尔松的人拍了两张"鸵鸟人"的X光照片，检查证明"鸵鸟人"确实只有两个趾，医生们为此感到十分吃惊。

又有两个问题被提了出来：首先，"鸵鸟人"症状是不是偶然发生的？第二，会不会存在生鸵鸟足的部落？要准确回答这两个问题并不太容易。20世纪60年代中期，战斗机飞行员马克·马林拍到了生活在费拉迪西面卡内城郊区的"鸵鸟人"部落的照片，照片证明"鸵鸟人"就生活在卡内和舍沃尔河谷间。

以后，有消息传来，在莫桑比克的卡布尔·巴斯水力发电站堤边住着300~400个部落人，他们中约有1/4是"鸵鸟人"。

1971年，人们组织了一次探险，只找到一个35岁、身高1.65米的男性"鸵鸟人"叫马巴拉尼·卡鲁梅。

卡鲁梅出生在瓦多马山脚，父亲生活在山上，母亲来自科雷部落。母亲的姐妹也生有一个早夭的"鸵鸟人"儿子。

卡鲁梅的大趾和小趾分别长15厘米和10厘米，相向弯曲，像龙虾的螯足，故"鸵鸟人"的症状又称作"螯虾综合征"。令人诧异的是，在X光照射下，中间三趾荡然无存，但卡鲁梅仍然奔跑迅速。

现代科学的发展使人们知道，"螯虾综合征"是一种基因突变造成的疾病，发生"鸵鸟人"的部落大多与外界隔绝而盛行族内通婚，致使疾病遗传给后代。

一身两命

1887年2月，一个叫布朗的人在宾夕法尼亚州诺里斯镇东大街上租了一间储物室，自己住后半，前半用来做生意，卖的是糖果、文具和几种廉价货品。

3月13日，星期日，布朗到当地卫理公会教堂做礼拜，跟着就照平常习惯回家上床睡觉。

第二天凌晨5时，他被一声他相信是手枪发射的声音惊醒。他睁开眼睛，但对他的周围的一切觉得莫名其妙。

他感到疲弱，好像是注射过麻醉药，对窗外的东西也完全不认得。

大约有两小时，他越来越闷得慌，躺下去努力想他自己，安塞尔·鲍尔尼怎么会来到这间陌生的房子里。

他终于打开门去找屋主厄尔先生。

"这是什么地方？"他问那位感到惊讶的屋主。"你很好，没有什么，布朗先生。"屋主回答说。"我的名字可不是布朗。"鲍尔尼说。

屋主告诉他这里是什么镇，现在是14日。

"这里的时间竟是倒退的吗？"他问，"我离开家时是17日。""哪月17日？"厄尔问。"1月。"屋主说："现在是3月14日了。"

厄尔请来一个医生。鲍尔尼一再表示自己所能记起的最后一件事就是他离开侄儿的商店后，曾在罗得岛普洛维顿斯市宽街上看到几辆运货马车。论时间，这已是两个月前的事，两地相距也有几百里。

侄儿接到通知，把他接了回去。他的家人早已报案说他失踪，现在问他是怎么一回事，他却完全记不起来。他想不出为什么自己，一个木匠、农人兼传教者，会去做一种自己毫无所知和全无兴趣的生意。

三年后，哈佛大学的威廉·詹姆斯教授听说这回事便跑去研究。在催

眠状态中，鲍尔尼说他的名字是布朗，并详述在1887年1月17日到宾夕法尼亚州去的故事。他记得自己到了那里几星期后，曾开设一间小店。但对到宾州去以前的生活，他却迷迷糊糊记不清楚。

他只知道他从前曾有过困苦的日子，而他的太太则于1881年逝世。鲍尔尼的太太正是在这一年去世的。对于3月13日以后的事，他也记不清楚。

詹姆斯教授证明鲍尔尼和布朗的性格是截然不同的。各有各的姿态、表情和笔迹。当催眠渐深时，布朗的性格渐渐消失，并且一去不返。

这是鲍尔尼所遭的第二次苦难。第一次是1857年10月28日，当时正在罗得岛韦斯特里他住宅附近散步，虽然他此前已疏离了浸信会，忽然想起他应该到教堂去。但他又对自己说，宁可变成哑聋也不愿再入教堂。

不料过了一会儿，他感到头晕目眩，便在路旁坐下，当时他觉得好像有一支强有力的手从他的头上、脸上和身上抽去了一些东西，他的视觉、听觉和说话的能力全部都丧失。他相信是上帝顺从他的意愿，使他的眼瞎了。

他的视力第二天却回复了。11月11日，朋友们把他带到当地一个小教堂，在那里他皈依了上帝。下一

个星期日，他站在会众中间，伸臂向天，他的听觉和说话的能力立即就恢复了。这一经过使他成为传道人，继续做了多年。

50多岁时他的妻子死了，他便重做木匠并兼务农。到了1887年，他的储蓄已足够买地。他从银行里提了551元，到普洛维顿斯去探问他的侄儿。他怎么变成布朗的经过不清楚，但他在诺里斯镇做起生意来就是用他从银行支取的那笔钱。

狂笑奇人

美国人卜比·米契逊曾是一个海军士兵。1954年，他在看连环画时突然哈哈大笑，家人都觉得他笑得很逗人喜欢，但过了5分钟后，他仍不停地哈哈大笑。于是家人拍他的背，往他头上淋水，都没有效果。那次，他一直笑了几个小时。专家也检查不出他到底患了什么病，反正他一睡着就没事，一醒过来就哈哈大笑。

不过，卜比·米契逊却因笑而发了大财。他录了许多笑声唱片，颇为畅销，有些电视剧需要观众笑时，就聘请他去笑。他笑个不停，而且不是强笑，效果甚佳。5年之后，他却忽然自愈，想笑反而不容易笑了。他的笑声唱片至今仍被美国一些电视台和广播电台采用。

罕见的病人

1986年1月22日黄昏，一艘"皇后"号货轮，在一望无际的大西洋上艰难地航行着。

半个月后，"皇后"号终于靠岸了。卡特和船员们有说有笑地上岸，三三两两往家走着。这时，卡特船长看见前边不远，有一个高大的男人背朝着他，蹒跚地拖着沉重的步子缓慢向前挪动着。卡特问他是否需要帮忙。那人缓缓转过身来，看了卡特一眼。卡特定睛一瞧，大惊失色：原来这人简直形同僵尸，两眼暴凸，活像个魔鬼一般。卡特惊魂未定，正要走开。忽然，这个奇怪的人"扑通"一声栽倒在地，卡特连忙去扶他。卡特的手一触到那人的衣服，竟是那样冰凉铁硬，才发觉这人的衣服奇怪得很，既不是呢子、棉麻布之类东西缝制的，也不是用化纤织品做成的，而是用金属制成的。他的脸和头发好像被火燎过，黑褐色中透着铜紫。卡特招呼几个船员抬着把他送进了医院。

米勒医生给这个人检查时，十分着急，原来这个人的衣服根本没有开口，所有医用器械都不能使用。非得用特殊的工具割开才行。后来，他们请来了专业工程师带着金属器械，费了好大劲才把他的衣服切开。

检查结果，令米勒等医生们大吃

一惊：这人的手指和脚趾形状与常人不同，像鸭鹅那样长着蹼。他的血液循环系统、消化系统和器官也极不寻常。这些特征，在医学史上从无记载。

医生们议论纷纷，有人说这是人类的异化，有人说这是现代高科技发展与环境污染的畸形人，有人说这是外星人来访……这些都只是猜测而已，至今仍没有定论。

离奇自燃的人

我们生活在一个危险的世界里，身边有各种易燃、易爆的东西。那么，我们的身体会不会突然起火？一些莫名其妙的燃烧现象似乎也证实了

街头突现人体自燃一幕

人体自燃的发生。所谓人体自燃就是指一个人的身体未与外界火种接触而自动着火燃烧。

1949年12月15日，美国新罕布什尔州的一位53岁、名叫科特里斯

的妇女在家中被烧死了。警方在调查中发现，那具不像人形的恐怖尸体躺在房间的地板上，可是房间内的物体却没有遭到丝毫破坏，而且壁炉也未曾使用过，甚至在其他地方也找不到火种。

在世界其他地区亦有这样人体自燃的事例，而且自燃的形式多种多样，有些人只是受到轻微的灼伤，另一些则化为灰烬。不过，现代科学界和医学界都极力否定人体自燃的说法，因为如果要把人体的骨髓和组织全部烧毁，只有在温度超过华氏3000度的高压火葬场才有此可能。

1986年3月26日傍晚，美国纽约州北部的消防员接到报案，请他们去调查一起让人摸不着头脑的火灾。那个叫乔治·莫特的人上床睡觉的时候还好好的，一个原本有80多千克重的人，最后被烧得只剩下1千克多的骨头，可是，火却没把房子烧掉。

几十年来，火灾研究员们一直百思不得其解。什么样的火可以吞噬一个人却不会烧掉他所在的房间？看到自己的身体燃烧起来，这个人一定会设法灭火。除非，火势太猛，来不及扑救。

2002年元旦，比利时布鲁塞尔北面，阿黛儿·瓦达克正和家人一起从海滩拣了一些贝壳后，开车回家，突然发现自己的大腿冒出火焰，使她的腰部到膝盖受到严重烧伤。

人体自燃

科学家为了揭开人体自燃之谜，他们提出了一种"烛芯效应"，解释为何有人会自燃。

科学家认为，我们可以把一个穿着衣服的人，设想为里外反转的蜡烛，衣服是烛芯，人体脂肪是蜡。即便是很小的火苗也可能会穿透皮肤，点燃脂肪，而后慢慢地、持续地燃烧。

法医生物学家马克用一块布和一块猪肉演示了这种效应。猪的脂肪与人类脂肪十分相像。如果条件符合，脂肪和布就会像蜡烛一样，烧到几乎什么也不剩。

烛芯效应几乎是个完美的答案，它证明了人体自身就有燃烧源，只要环境条件符合，人体就可以自我毁灭。然而有一点疑问是烛芯效应未能回答的：用猪做实验时，常会留下不少完整的骨头，而在被认为是人体自燃的事件中，骨骼多半都化为灰烬。

人类学研究生安吉·克里斯滕森专心攻克这个问题。安吉发现，人体自燃的受害者与最容易患骨质疏松症的人群的基本情况非常相近。而骨质疏松的人骨在火葬时更容易被烧尽。

烛芯理论也解释了这些案例中的一个怪诞现象：为什么腿脚常常完好无损？脚和小腿上的脂肪很少，而且通常没有被布料包裹——也就是说，没有燃料、也没有烛芯。研究者认为，烛芯效应显然是导致乔治·莫特死亡的原因。

遇雷击男变女

一个被雷电击中的男子，侥幸不致一命呜呼，但却失去了男性体征，成为一个外表像女人的人。41岁的高尔夫球场管理员马田·卡马乔在球场工作时，遇到一场大雷雨，一声巨响过后，他被闪电击倒在地，失去知觉，脸孔变为蓝色，被同事发现，急忙送他进医院抢救。医生曾担心他的生命可能有危险，但他吉人天相，两天后苏醒过来，没有什么大碍，只是略呈失忆症状。不过，医生惊奇地发现，他说话的声调比出事前尖了，有点像女人的声音。几个星期之后，医生更惊奇地发现，马田胸前隆起两个肉团，像女性丰满的胸脯。

经过实验室化验，显示马田身体完全停止产生男性激素，但雌性激素却大量增加，因而出现了明显的女性特征。医生们经过研究，认为马田出现这种特征变化的原因，可能是雷电破坏了他的重要遗传因子，使雌雄性激素数量失去平衡，于是，他就逐渐变为一个"女人"。除了胸脯隆起之外，脸毛和体毛也逐渐脱落，肌肉变得嫩滑。医生曾每天为他注射睾丸酮，但却无法减慢他的性征变化，医生对此无法可施。

能分身的女教师

怨恨自己不能同时在两个地方出现的人不妨听听沙芝夫人的奇事。她是教师，据说能用分身术来解决工作上的困难。

在俄国里伏尼亚一间女校任职时，说来奇怪，简直好像有两个沙芝夫人。例如，一个会坐着望全班的学生，另一个却站着在黑板上写字。有一次，两个学生看见她坐在屋里，同时看见她又在屋外摘花。

注意到这种神奇变化的并不只是那些想象力过于丰富的学生们。有一天，她感冒卧床，一位朋友在床边读书给她听，却看见另一个她在房里跑来跑去。

她在学校任职一年半后，流言很多，校董会不得不出来查问究竟。是的，她对校董说，那是真的。她能够用意志力投射出另一个自己的形象。她发觉这种方法在维持纪律上有极大的帮助，她背向着学生时仍可以注视他们。

但校董们并不以为这是有趣的事情。她被辞退了。后来她承认这并不是她第一次被免职。

这位会分身的女教师的名字并无记录，大家只称她为沙芝夫人，是否因为她曾结过婚或者因为她是"女教师"，才这样称呼，就不得而知了。

越长越矮的女孩

生理学家告诉我们，人在一天劳动以后，自然会变得矮一些；睡过觉以后，人又会长高一些。但这种变化很微小，且是正常现象。可令人惊奇的是，世界上竟然有越长越矮的人。

1968年，意大利的西西里岛上的卡塔尼亚城，有位年仅15岁的姑娘，叫安达尼娜·达密尔。她在得了一场重病之后，身体不断地缩小、变矮，仅3个月内，她的身体的高度缩小了1/3，由原来的148厘米缩到98厘米，而且口齿也逐渐不清楚，最后竟像两三岁小孩那样的"奶声奶气"了。

对于人体突然由高变矮的奇怪现

象，国外有些科学家认为，这是一种生长逆转现象。

染色体易位的人

重庆一名 14 岁女子，经医疗检定竟是一个男儿身。"她"是重庆市柔道队一名女队员，本准备到城运会上去夺取金牌。由于她离群索居，表现异常，6 月间送医院检查，发现其骨头粗大，外表酷似男子，变异的外阴内包藏着发育不全的男性生殖器。经染色体鉴定，实是男性无疑。检查中，医生们还发现一个从未见过的现象，他的三号染色体短臂二区五带与六号染色体长臂一区五带易位，导致身体异样。据重庆第三军医大学查阅中外资料，湖南医学院检索了《人类染色体异常国际登记库》，均未见过这种染色体核型记载，该病例属于世界首例。

这位假姑娘已做了第一期手术，期望还他堂堂正正的男儿身。

有意念奇能的女人

在苏联红军中服务的那个年轻女兵对军中生活感到厌倦。她才 14 岁，便上前线作战，结果，被德军炮弹碎片所伤。那时第二次世界大战已快结束，但她的伤势复原还需要很长时间。妮艾尔·库拉基娜后来回忆说：

"有一天，我的心情不好，又怒又烦。我向着碗橱走，不料一个罐子自动溜到架子边缘，然后跌下来，摔碎了。"

类似的怪事接着发生，灯光无端端忽明忽暗，门户自动忽开忽关，桌上瓷器无人自动。起初妮艾尔以为是专爱和年轻少女捣乱的顽皮小幽灵在作祟。可是后来她觉得那移动物件的力量，来自她的体内。

爱德华·纽莫夫是最早注意她的科学家之一。他将一盒火柴散在一条凳上，她两手紧握在火柴上方的空中，只见她震颤用力。突然，所有火柴一齐被逼到凳旁，逐一跌落地上。

此后又做过很多次试验，并有60 余套影片纪录妮艾尔的神力。其中最令人惊奇的一次试验，就是把一个生鸡蛋打破，浸在玻璃箱里的盐水内，她努力把精神集中，虽然站在离箱数尺之外，仍能将蛋黄与蛋白完全分开。

从装在妮艾尔身上的仪器上看得出，她受到极大的情绪上及精神上的压力。

雪奇耶夫博士主持此项试验，也曾测量妮艾尔四周的电磁场。她开始将蛋黄与蛋白分离的时候，电磁场的脉动是每秒 4 次。

雪奇耶夫博士推想认为这种脉动的作用有如磁波。他的记录说："这种磁震或磁波发生的动作，如集中在一个物体上，该物体，虽无磁性，亦好像有了磁性一样，所以物体会被她吸引或拒斥。"

蹦极白了头的美女

在澳大利亚悉尼，29 岁的朱莉娅爱冒险，她在第一次参加"蹦极跳"之前是个无忧无虑的浅黑肤色的美人，但这一跳却使她万分恐惧，她的一头棕色秀发骤然变成白色！"从跳台上跳下到结束有两秒钟，但我无法表达出那没完没了的两秒钟里我所感到的那种恐惧。""我愿意冒这些风险，但没有人告诉我，在短短瞬间，我老了 50 年。"朱莉娅小姐要求自由降落幻想公司赔偿 400 万元。据称，当地的许多法律专家认为，她得到赔偿的机会极大。但不知结果究竟如何。

两百多岁的女超人

英国探险家苏尔，曾偕同四名队员前往巴西亚马逊河森林探险，发现了一位世居当地的 231 岁的女"超人"班鲁巴。

班鲁巴所使用的语言，其中一部分甚至连当地的土著也不大明白，不过他们通过土著传译，了解到她曾被邀请登上一艘来历不明的飞船，并接受外星人对她注射的物质。

班鲁巴曾与 34 名男子结婚，生过 88 名子女，可惜他们全部比她早逝。当地人称她为女祭司。奇怪的是她似乎有"先知"的神奇力量，能说出别人心中的问题。

苏尔请她前往文明世界"亮相"，她表示不愿离开居住了 2 个多世纪的"世外桃源"。

女变男身金牌易人

1966 年世界速降滑雪锦标赛上，奥地利选手施内格尔夺得女子冠军。两年后，在 1968 年冬季奥运会前的一次体检中，医生突然发现施内格尔的唾液中含有男性荷尔蒙。经过进一步的检查，发现施内格尔实属男性，他的男性生殖器官长在体内，而不是像常人那样长在体外，这一点也使一直认为自己是女性的施内格尔大吃一惊。

做了修正手术后的施内格尔已结婚，作了父亲。前不久，他把自己22 年前所得的世界女子冠军奖牌亲手交给了真正的得主——当年的亚军、法国选手戈伊谢尔。

子弹治愈脑瘤的人

医生发现阿根廷人阿尔瓦列斯的脑瘤有鸡蛋那么大，治愈的可能性几乎为零。无休止的疼痛折磨着阿尔瓦列斯。彻夜不眠导致他精神失常：白天黑夜放声嚎叫，咬手指，用指甲撕破脸皮……阿尔瓦列斯万般无奈，想到自杀。他买了一把手枪和一瓶白酒。那天，孩子们上学去了，妻子也不在家。他写完遗书，一口气喝光那瓶白酒，神情恍惚，头痛得更厉害了。于是，他拿起手枪，对准太阳穴，扣动扳机……令人惊奇的是，阿尔瓦列斯并没有死。神经外科医生打开他的脑颅，取出子弹和清除受伤的脑组织，没想到，当他醒来时，完全恢复了正常，脑瘤消失得无影无踪。

流红眼泪的"圣女"

一位名叫拉希达·卡通的印度妇女有着与常人不同的生理特征，她的眼泪竟是红色鲜血。卡通确定自己并没有生病，但却无法解释发生在自己身上的奇特现象。当地医生一直没能对此做出解释。卡通的"血泪"每天都要流出几次。

据克罗地亚"网络"网站2009年4月11日援引《奥地利时报》的报道，这名妇女来自印度巴特那市，当地的印度教圣人们将卡通宣布为"圣女"后，每天都有很多信徒前来膜拜，并向其供奉圣物。

世界上最小的变性人

据英国媒体报道，德国一名男童自12岁开始便接受变为女性的荷尔蒙治疗，现年16岁的她完成全部手术，成为世界最年轻的变性人。

这名年纪轻轻的变性人原名蒂姆，现改名金，目前已经是一名流行歌手。金的父亲说，从两岁开始，金就坚持称自己是女孩，其父母支持金变性的想法。

变性前的蒂姆

金在12岁时被医生及精神科专家鉴定适宜接受变性治疗，因为当时他有一种强烈感觉，觉得自己放错了肉身。医生认为他需要接受治疗，首先是利用人工方法抑制他的男性青春期，并为他注射能显现女性性征的荷尔蒙，以刺激其乳房发育。

金在14岁时已正式注册为女性身份，外表就如同龄少女般，一身趋时打扮，一头长发，蓝眼睛。同时，她也因其变性手术而名声大噪，成为一名流行歌手，并发行个人单曲。

如今拥有女儿身的金说："一切都因这个手术改变了，我迫不及待地想要穿上我最爱的泳衣，像从未尝试过的那样去游泳。"

摔后迅速长高的侏儒

一对 30 岁的侏儒夫妇在马戏班当演员。他们表演的节目是被几个杂技演员像抛球一样不停地扔出去又接住。一次，妻子未被接住，重重地摔在地上。奇怪的是，从此，她就开始迅速长高。结果，马戏班的这个保留节目没有了，这对矮人的家庭也被摔没了。

一家人无故变"跳豆"

厄瓜多尔有一四口之家，他们得了一个怪病，家中人员随时会像青蛙一样突然跳起来而不能自制，有时一天内跳起达 50 次之多。

当地报纸在报道瓦尔维德一家的怪病时，还称这家人为"墨西哥跳豆"。负责治理这一家"墨西哥跳豆"的科斯达医生说："我从来没有见过这种怪病，他们一家人的健康一向正常，几个星期前，他们无缘无故地跳了起来，我觉得我们现在是在对付一种我们不认识的病症。"

瓦尔维德一家所得怪病发生时，他们一家人吃完了晚饭坐在饭台前，里卡尔都突然抽筋，跟着其他人也开始不停地抖颤，突然间里卡尔都跳了起来。

这位做父亲的说："就这样，我们 4 个人不能控制地跳个不停，但当我们被救护车送到医院的时候，这种弹跳的情况却停了下来。"科斯达医生和他的同事十分努力，希望尽快找到原因，但不敢保证。

滞留母腹 30 年的婴儿

河北省安国县郑章乡农民王银格，婚后曾生过 3 男 2 女。1950 年，当她 37 岁时又怀孕，经常呕吐，有时腹痛出血，有胎动感觉。但婴儿一直没有出生，直到 1980 年 1 月 5 日，王银格突然疼痛难忍，才去医院检查。经医院确诊，腹部有一石胎。1980 年 3 月 29 日，在安国县医院取出一个妊娠 30 年的石胎，重 121 克，高 11.5 厘米，胎形比较完整。头部、五官、躯干、四肢俱全。如此大的石胎竟在人体内滞留了 30 年，确实令人吃惊。

梦中恢复听说能力的人

苏联一个叫马克西缅科的拖拉机手在卫国战争期间参军。1941 年的一次战斗中，他被炮弹震伤，之后便失去了听觉和说话能力。后来他回到家乡集体农庄工作，他的聋哑症经过多方治疗仍然无效。1986 年的一天夜里，他做了一个梦，梦见他在战场上，德国兵和坦克向他冲来，而他已子弹用尽，便奋力大叫一声，冲向敌人，随即他便惊醒过来，他突然发现自己真的叫出了声音，而且听到了音响和别人的说话声。

进入"第四空间"的人

100 年前的圣诞节前夕，美国印第安那州发生了一宗离奇的失踪案，疑是有人进入了第四空间，就好像消失在空气中一般。

当时在南湾镇有一个活动正在举行，参加者共 12 人，其中有莱克家的詹美及他的 20 岁弟弟奥利华。那天下着雪，田野变成白色。大约晚上 10 点钟，母亲叫奥利华到井边去打水，这是他们兄弟常做的。奥利华戴上一顶皮帽和手套，拿上两个水桶，向屋外水井走去。5 分钟后，屋内的人听到尖叫声，是从高处传来的："救命呀，救命！"

父亲莱克抓了一盏灯冲了出去，其他人也一起跟着他。他们听到来自空中的呼救声，显然是奥利华的声音。三四分钟内，他们一直听到呼救声，有时近，有时很远。他们看不见人，只听到呼救声。他们齐问："你在哪里？"没有回答，而奥利华留在

雪地上的脚印通向水井，但在中途断了，好像突然消失似的。

整个参加活动的人把邻居也叫了出来，寻找了两个钟头，找遍了农场每个角落，也爬上树去找，也把灯垂到井里去看，都没找到。在他的脚印断失的地方留下一个水桶，另一个水桶则不见了。父亲最先从屋里出来，他说脚印是这样中断的，并没有挣扎的痕迹，而雪地是骗不了人的，假如走到别处，必定留下脚印。

此后，奥利华就真的消失了，这件事情似乎难以置信，但是有真实的记录，参加那次活动的目击者中有律师及神父，都是可靠清醒的人。后来警察也来了，警察局有存档。唯一可疑之处是，有些人听见奥利华喊："他捉了我！"另一些人则听见奥利华叫："他们捉了我！"警方到场之后，彻底搜过，没有发现奥利华。警方又把井水抽干，不但没找到人，连失去的一个水桶也找不到。现代科学家曾经研究这个案件，他们推测，人类所知的空间有三种，就是长、阔和厚，但理论上是还有第四度空间，一钻进去可以到太空另一处。但到底是不是这么回事，还有待于科学进一步去探索。

一次生 12 个婴儿的女人

瑞士伯尔尼市有一位名叫凯拉的

妇人，她 27 岁时，在两个多小时内生下 12 个婴儿，9 男 3 女，其中 8 个婴儿仍然活着。这件怪事一直保密，直到后来一名不愿透露姓名的医务人员才披露此事。新闻界对此事感到十分奇怪。研究受孕的专家艾辛加起初否认有这件事，后来在同事压力下，终于承认凯拉是由于自愿服用一种由西德制造的助孕新药所导致。凯拉婚后 6 年，服用多种助孕药均无法受孕。后来她服用这种新药，6 星期后就已怀孕，足月后在 2 小时 17 分钟内，生下了 12 个婴儿，其中 4 个不幸死亡。

遭雷击一夜变老妪的少女

一个 15 岁的金发少女特丽莎·卡多苏在葡萄牙奥波多海滩上行走，不幸被闪电击中。送进医院时，她有几处小小的烧伤，除此之外完全正常。晚上 10 点钟，负责治疗的医生荷兰达检查过病房，没有发现任何异常。可是，第二天早上，当负责治疗的荷兰达医生再进病房时，不禁大吃一惊，看到特丽莎的床上躺着的不是少女特丽莎，而是一个老太婆，医生一问，才知道这位老妪就是特丽莎。她自己在洗手间的镜子上看到自己的形象，急得哭了起来。

特丽莎的金色短发变成了灰发；光滑的皮肤变成满是皱纹；甜蜜的笑容被令人心悸的丑陋容貌所取代。研究人类衰老规律的专家们认为可能是强大的电流加速了她的老化过程，他们从未遇到过如此稀奇古怪的事例。遗憾的是，他们目前尚无法使特丽莎恢复青春。